品质课程聚焦丛书

王雪梅　杨四耕　主编

学科文化

英语学科课程新视角

李　红◎主编

全国教育科学"十三五"规划课题
"区域推进中小学品质课程建设的实践研究"
（课题编号 FHB180571）之研究成果

华东师范大学出版社
·上海·

图书在版编目（CIP）数据

学科文化：英语学科课程新视角/李红主编. —上海：华东师范大学出版社，2021
（品质课程聚焦丛书）
ISBN 978 - 7 - 5760 - 2289 - 6

Ⅰ.①学⋯　Ⅱ.①李⋯　Ⅲ.①英语课－教学研究－中小学　Ⅳ.①G633.412

中国版本图书馆 CIP 数据核字（2021）第 237528 号

品质课程聚焦丛书

学科文化：英语学科课程新视角

丛书主编　王雪梅　杨四耕
主　　编　李　红
责任编辑　刘　佳
特约审读　桂肖珍
责任校对　薛晓红　时东明
装帧设计　卢晓红

出版发行　华东师范大学出版社
社　　址　上海市中山北路 3663 号　邮编 200062
网　　址　www.ecnupress.com.cn
电　　话　021 - 60821666　行政传真 021 - 62572105
客服电话　021 - 62865537　门市（邮购）电话 021 - 62869887
地　　址　上海市中山北路 3663 号华东师范大学校内先锋路口
网　　店　http://hdsdcbs.tmall.com

印 刷 者　上海锦佳印刷有限公司
开　　本　787×1092　16 开
印　　张　15
字　　数　138 千字
版　　次　2021 年 12 月第 1 版
印　　次　2021 年 12 月第 1 次
书　　号　ISBN 978 - 7 - 5760 - 2289 - 6
定　　价　48.00 元

出版人　王　焰

丛书总序

自 2015 年以来，我们在合肥市蜀山区推进"品质课程"项目，致力于学校课程文化变革，改变区域课程改革生态。这些年，我们深刻地感受到，课程是一种文化存在，文化是课程的存在方式和存在本身。

怀特海指出，过程是世界万物固有的本性。① 在他看来，"事件"和"事物"不同：事件是唯一的，是不可重复的；而事物则是自然之物，是永恒的。② 据此，我们认为，课程文化不仅仅是事物的集合，更是事件的生成。我们可将课程文化理解为事件之展开而非仅仅是事物之集合，由此所展现的将是课程文化要素、课程文化形态、课程文化主体共同构成的一幅立体兼容的文化图景。

从"事物"角度看，课程文化是课程形态和课程实践蕴含的价值、信仰、规范以及语言等文化要素的合生体，这些文化要素构成了课程文化的基质。因此，课程文化是一种信仰、一种语言、一种规范、一种眼光、一种思维方式、一种处理问题的方式，它们具体表现为课程精神文化、行为文化、制度文化以及物质文化。课程文化要素的相互摄入以及微观生成，构成学校课程文化变革的内在过程。在怀特海看来，把具体要素据为己有的每一过程叫作摄入。③ "摄入"理论从微观层面说明了现实存在自我生成的内在机制。

课程精神文化、行为文化、制度文化以及物质文化诸要素相互摄入进而存在于另一存在之中，成为相互依存的合生体。在这个合生体中，课程精神文化是最核心的、最深层的、根部性的文化要素，是课程物质文化、制度文化与行为文化的价值凝练和理念引领。课程制度文化是具有中介性质的文化，它联结课程物质文化和行为文化，既是课程物质文化的制度保证，又是

① 怀特海. 过程与实在：宇宙论研究（修订版）［M］. 杨富斌，译. 北京：中国人民大学出版社，2013.
② 陈奎德. 怀特海哲学演化概论［M］. 上海：上海人民出版社，1988.
③ 杨富斌，等. 怀特海过程哲学研究［M］. 北京：中国人民大学出版社，2018.

课程行为文化的规约机制。课程行为文化是课程文化的表现，既受课程精神文化的直接影响，又受课程制度文化的现实规范。课程物质文化处在表层，是课程精神文化、课程行为文化和制度文化的空间和载体。如此，课程文化诸要素相互摄入、相互作用，共同构成课程文化的深层结构。

课程文化变革过程包含"物质性摄入"与"概念性摄入"，① 这两种摄入是多维关联的重构过程，其中微观生成是生动活泼而丰富多彩的。一般来说，学校课程文化诸要素之间的相互摄入，其中课程精神文化居于核心地位，它体现于其他各要素之中。课程文化变革可以从课程文化的部分要素开始，以点带面，但要实现课程文化彻底转向，或要真正提升学校课程品质，就必须整体协调课程文化之各要素，就要以"文化的眼光"或"思维方式"进行这种摄入行动的思考和判断。

以上是课程文化的"事物观"及其变革机理。在这里，我想再说一个观点，那就是：课程文化不是简单的要素组合，而是一个展开的事件。正如巴迪欧在《存在与事件》一书中所言：真理只有通过与支撑它的秩序决裂才得以建构，它绝非那个秩序的结果；我把这种开启真理的决裂称为"事件"；真正的哲学不是始于结构的事实（文化的、语言的、制度的等），而是仅始于发生的事件，始于仍然处于完全不可预料的突现的形式中的事件。② 从"事件"角度看，课程文化是一个不可能重复出现的生成过程，处于不断运动变化之中。作为"事件"的课程文化之真理即是在完整的课程实践中成就人、发展人和完善人。

课程文化是学校里公开的或隐蔽的信念、行为、习惯和价值观等要素相互"包含""进入""创造""构成"的"合生"事件，它融合了课程的物质和精神两个层面的意涵，它不仅包含课程意识、课程理念、课程价值等内隐的精神文化形态，而且包含学校课程实践过程中所创造的课程物质、课程制度以及课程行为等外显的文化形态，是诸要素相互参与和多维互动的创造过程，是"事件"生成与发生的过程——因为"文化的每一个方面都是一个能

---

① 怀特海认为，对现实存在的摄入——其材料包含着现实存在的摄入——叫作"物质性摄入"；对永恒客体的摄入叫作"概念性摄入"。参阅：杨富斌，等. 怀特海过程哲学研究［M］. 北京：中国人民大学出版社，2018.

② Alain Badiou. Being and Event［M］. London：Continuum International Publishing Group，2006.

够改变文化的创造源，都是非常主动的创造性力量"①。

一种文化首先意味着一种眼光，眼光不同，对所有事情的理解就不同。② 课程文化是我们做事的眼光、处事方式和思维习惯，是生长着的"事件"，是我们理解课程实践、推进课程变革的眼光。当然，课程文化虽然是一个"事件"，但在本体论意义上，课程文化仍然是一种不易感知的实在。人类学家指出，人们一般意识不到他们身边的文化，因为此类文化表现为平常的生活，表现为看上去正常和自然的东西。文化以无意识的状态或者说未被检查的状态悄悄地让我们做出选择、进入生活。③

但是，这并不妨碍我们认识课程文化，我们仍然可以用智慧感知课程文化的存在，我们仍然可以用眼睛捕捉课程物质文化、制度文化、行为文化和精神文化。课程物质文化是以物质形态存在的设施和空间，这是课程文化赖以存在的物质基础与场域条件；课程制度文化是学校制定的规约课程实践的活动程序和价值规范，是学校课程变革过程中形成的价值体系和活动规则；课程行为文化是行为主体在长期的课程实践过程中形成的处理课程事务的一以贯之的行为方式，这种行为方式具有长期稳定性、潜意识性和无需提醒等特点；课程精神文化是学校课程文化的核心，是主导学校课程实践的理念和精神，通常会借助富有哲理的语言加以概括。这些课程文化要素，我们可以"看见"它们的合生性存在，也可以"分辨"它们的原子性存在。

我们的结论是：课程与文化有着天然的血肉联系，凡是课程变革一定是文化变革，没有文化内核的课程变革很难取得成功；文化变革需要课程建设支撑，没有课程支撑的文化变革是不可思议的。怀特海指出，现实存在就是合生，每一个现实存在都不是只有一种元素的简单的存在，不是原子论意义上的存在，而是由诸多要素构成的合生或有机体。④ 在学校课程变革过程中，课程与文化二者"合生"即生成课程文化。课程与文化的"合生"设计，是学校课程文化变革的重要方法。

在具体操作上，推进学校课程文化变革有两条道路可供选择。第一条道

---

①② 赵汀阳. 赵汀阳自选集［M］. 桂林：广西师范大学出版社，2000.
③ 约瑟夫，等. 课程文化［M］. 余强，译. 杭州：浙江教育出版社，2008.
④ 怀特海. 过程与实在：宇宙论研究（修订版）［M］. 杨富斌，译. 北京：中国人民大学出版社，2013.

路是自上而下的演绎道路，实现从文化概念到课程设计的"合生"。首先确定学校课程哲学，包括学校课程理念、课程愿景、育人目标和课程目标。其次，厘定学校育人目标和课程目标。再次，梳理学校课程框架，设计学校课程内容。复次，活跃学校课程实施，使课程功能最大化。最后，把握学校课程评价和管理。如此，课程文化建设是从文化概念建构开始的，由此展开学校课程整体规划，实现从文化概念到课程设计的"合生"。

第二条道路是自下而上的归纳道路，实现从课程实践到文化逻辑的"合生"。学校课程文化建设实际上也是学校文化决策过程，每一所学校都有自己的文化背景，包括周边的文化资源、历史传统、现实经验，这是学校课程文化变革的客观基础，也是学校课程哲学生长的土壤，"土质"的不同导致学校课程哲学追求的不同。在分析学校课程情境的基础上，对学生的需求进行调查，了解现有课程的实施情况，发现学校课程中存在的问题；根据学校课程情境分析和学生需求调查，形成学校课程哲学，明确学校的育人目标和课程目标；基于课程价值需求分析，建构学校课程框架与体系；布局学校课程实施的多维途径和多种方式，确保课程实施的有序与有效；制定一套课程管理制度，保障课程变革顺利推进；制定一套评估方法，对课程品质进行评估。这是由课程实践到文化逻辑的"合生"过程。

合肥市蜀山区"品质课程"项目实践表明，学校课程文化变革可以是演绎式，也可以是归纳式。演绎式可理解为"概念先行——实践验证"方式；归纳式可理解为"实践探索——归纳提升"方式。课程是具有情境性和价值负载的文本，学校课程文化变革宜采取"理论、研究与实践互动"的方式。这种方式不完全依赖于概念或理论，也不脱离学校实际情境。在学校课程实践中，以学校课程情境为基础，以课程的实际问题为切入点，以理论为指导，以概念为圆心，边研究边行动，在实践中总结提炼，又在实践中加以验证与改造，在理论与实践的互动互补、碰撞对话中生成学校独有的课程文化框架。

马克思说："全部社会生活在本质上是实践的。凡是把理论引向神秘主义的神秘东西，都能在人的实践中以及对这个实践的理解中得到合理的解决。"① 合肥市蜀山区"品质课程"项目探索告诉我们：实践是课程文化价值实现的根本途径，是推进学校课程文化变革的关键力量。学校课程文化变革必须为行动提供充分的理据，从而使得行动趋于合理化，增强学校文化变革的认同感和一致性。在某种意义上，这也是一种文化自觉。

杨四耕

2021 年 2 月 5 日于上海市教育科学研究院

---

① 马克思恩格斯选集（第 1 卷）[M]. 中央编译局，译. 北京：人民出版社，1995.

目录

学科课程哲学兼具内隐性和外显性，其理论思想来源于实践经验，又为学科课程变革提供价值导向。学科课程哲学的内隐性表现为其理论思想对课程价值的内在导引和对课程实践的精神影响；外显性表现为课程关系人根据学情实际言说学科课程理念以及指引课程实践的外在过程。

学科课程目标具有总体性和差异性特征，是总体目标和年级目标的有机统一和校际差异的现实耦合。总体性表现为学科核心素养的整体表达和具体规定，差异性表现为学科课程目标因校情和学情等不同而呈现出特殊性。

第三章　学科课程结构：结构的规定性与建构的灵活性　　—— **69**

　　基于学科核心素养的内在要求和学科课程目标的具
体导引，建构学科课程结构，这是课程设计的一个关键
环节。学科课程结构是严格规定和灵活建构的有机统
一，其中结构的规定性是课程标准对学科课程结构的规
约，建构的灵活性是学科课程理念对这一规约的突破和
灵活应用。

第四章　学科课程设置：教材的系统性与课程的开放性　　—— **97**

　　教材是依据课程标准制定的教学用书，是课程设置
的基点，具有普适性、系统性等特点。随着课程改革的
推进，学校要依据自身特点、条件以及可利用的资源在
教材系统性的基础上延伸教材，拓展课程，让学科课程
设置更加丰富、多元和开放。

第五章　学科课程实施：　语言的习得性与文化的熏染性　—— 123

基于学科课程性质的内在规定性与本质要求，学科课程实施需兼顾语言的习得性和文化的熏染性。语言的习得性体现为课程实施应注重学生学习与应用基础知识与基本技能，文化的熏染性体现为实施中应重视提高学生综合人文素养，促进学生了解各国文化，形成跨文化交际能力，并传承文化内涵。

第六章　学科课程评价：　方法的多样性与使用的针对性　—— 151

课程评价在课程实施中具有很强的操作性。科学、合理的评价对教育教学有积极的导向作用。在课程实施中可以根据丰富的课程内容，采用多样化的评价方法；针对不同类型的活动，不同的对象使用合理的评价方式，从而使学生的学习过程和学习结果的评价达到和谐统一，更好地发挥课程的育人价值。

第七章　学科课程管理：　制度的规约性与环境的适应性　—— 183

课程管理应体现学科文化的统一性和灵活性。学校作为课程管理的权利主体，应建立完善的课程制度，对课程的实施、管理、评价等方面实施全面而清晰的规范和制约。同时，各项制度规定需要适应本校的实际教学环境和师生情况，展示学校特色和文化，体现学科文化的灵活性。

前言　学科文化与学科课程群建设

随着经济全球化的发展，新时代对现代化人才的英语学科素养和英语综合能力提出了更高要求。我国英语课程的改革与创新应当引领人们深入思考英语教育的方向和价值，积极建设和完善学生诚心乐学、终身受益的优质课程。

反观我国英语教育的现状，不难发现课程建设中仍然存在很多问题，与社会发展的要求仍有差距。许多英语学科课程片面重视语法和词汇知识的灌输，忽视培养学生的语言综合运用能力、逻辑思考能力和跨文化交际意识，欠缺对学生学习兴趣和生活实际的关照。英语学科课程设置在关联度、逻辑性和整合性方面有所不足，欠缺科学内涵、系统设计和校本特色，课程内容存在零散、重复、偏离，甚至矛盾等现象。英语学科课程实施与课程目标和课程设置不相吻合，课程实施方式单一笼统，缺乏真实合理的交际语境，未能充分考虑学习者的个体差异和内驱动力，难以满足学生和社会对英语教育的需求和期待。英语学科课程评价以终结性评价为主，强调应试和工具作用，轻视人文精神和核心素养，不利于学生的多元和个性发展。

为解决上述问题，助力培养具备英语学科核心素养和国际化视野的现代化人才，我们尝试以学科文化为指引，对英语学科课程群的建设进行重新审视和系统思考，为英语教学的发展提供新的视角和可能。

如何理解学科文化呢？学科建设包含学科知识、学科制度和学科文化三个方面，其中学科文化是学科构成的内核与灵魂。国内学者普遍认同，"学科文化是学科的核心和深层理念，是学者在一定时期内创造的以知识为本原、以学科为载体的各种语言符号、理论方法、价值标准、伦理规范以及思维和行为方式的总和"。[①] 学科文化是提升学校核心竞争力的基本优势，是学科

---

① 蒋洪池. 从中世纪大学的学术生活看学科文化的特点［J］. 高教探索，2007（2）：84—88.

教学活动发展与创新的源源活水和前提保证，对师生的精神观念及行为规范都有着潜移默化的深远影响。语言与文化、课程与文化之间皆是密不可分的关系。在英语学科课程群的建设中，学科文化具有十分重要的意义。

学科文化兼具多种特性，其中一些特性是辩证统一的。[①] 它具有习得性和共享性，在学科内部被广泛认可、接受和传播，群体成员在耳濡目染下受其深刻影响。它具有差异性和适应性，可根据体系和个体的差异进行调整，在不同的发展阶段适应相应的环境特征。它兼具外显性和内隐性，既包括课程设置、管理制度等外在的表现形式，也涵盖课程哲学、目标导向等内里的精神文化。它兼具系统性和开放性，遵循一些既定的行为方式和准则，也能顺应时代要求而开放包容、兼收并蓄。它兼具稳定性和创造性，由学科内群体成员在长期互动中共同形成并遵守，却也不断得到发展和创新，在深度和广度上不断延伸。

在英语课程群的建设中，我们应当重视学科文化的渗透与发展，聚焦英语学科的价值观念和思维方式。

首先，坚持学科的价值引领和导向作用，发挥学科文化的熏陶作用。英语课程群要求形成统一的课程目标，并围绕这一目标对相关课程的设置和实施进行整合规划、优化设计，加强课程之间的横向与纵向联系，提供广泛性、多样化的课程内容，形成有机整体，进而实现课程的有效实施，进一步提升教学品质，实现整体大于部分之和的总体效益，顺应课程改革的要求。[②] 英语课程群绝非将单一课程随意组合，务必关注不同课程间的关联性、逻辑性和整合性，将相关知识和方法等有机串联，注重学科思维的培养。突出核心和主体课程，精选拓展和探究课程，丰富教学资源，共同指向整体教学目标。兼顾课程的理论性与实践性，注重综合素质和实践与创新能力的发展。帮助学生在逐一学习各项课程之外，更能通过各项课程的关联碰撞出新的智慧，培养综合能力、专业技能和创新意识，实现可持续发展。

其次，积累和传承学科内的优良品质和作风，增强师生在学科建设中的集体意识，培养其对学科的归属与认同，鼓励大家共同承担责任和使命，追

---

① 陆根书，胡文静. 一流学科建设应重视培育学科文化 [J]. 江苏高教，2017 (3)：5—9.

② 张景森，杜振川，周俊杰，许云，张静. 高校课程群建设理论与实际中的几个问题 [J]. 现代教育科学，2015 (5)：64—69.

寻情怀和理想，形成强大的向心力和凝聚力。在有机统一的课程目标下，从学生的生活经验和认知水平出发，对教学内容进行深入分析与探究，改进教学方法，鼓励学生体验、实践、参与、合作和交流，培养学生积极主动的情感态度、灵活和理性的思维方式与开放、包容的跨文化交际意识。① 教师应当提升教学水平，加强资源共享、团队协作和沟通交流，从而互帮互惠、共同进步。善于运用英语课程群的资源成果，如课程设置、拓展资料、活动安排、研讨成果等，为英语精品课程的发展搭建阶梯。同时，要注重营造特色鲜明、多元发展的学校文化，鼓励师生踏实进取、探索创新，一起致力于学科发展，鼓励学科之间的融合与交流，为英语学科文化的建设提供深厚土壤。

本书的七章内容将结合合肥市蜀山区各校英语课程群的实际案例，从学科文化的角度分别解析英语课程群建设中所包含的学科课程哲学、学科课程目标、学科课程结构、学科课程设置、学科课程实施、学科课程评价和学科课程管理等各个方面。

第一章阐释英语学科课程哲学应体现学科文化的外显性和内隐性。英语学科课程标准和核心素养指出，英语课程应兼具工具性和人文性，既要发展学生的专业知识与技能，也要着眼于学生的学科体验、道德培养和可持续发展。② 在这一宏观导向及学校英语学科课程哲学的引领下，各校可结合实际情况制定具体可行的校本英语学科课程理念。例如，合肥市安居苑小学提出"GREEN 英语"课程群，坚持让语言学习充满生命活性，着眼于发展每一位学生的英语学科综合素养；合肥市五十中学东校提出"SEEDS 英语"课程群，强调激发学生的求知渴望，像呵护种子的成长一般陪伴、助力学生的发展。它们虽然在表现形式和侧重点上有所差异，但都将英语课程群的学习与生命的成长相关联，不仅停留在学生英语技能的培养，更关注其综合素质和人文素养的发展。

第二章说明英语学科课程目标应遵循学科文化的总体性和差异性，既要考虑中小学英语教学的总体要求，又要结合各校学生学情与教学实际的差

---

① 李红恩. 论英语课程的文化品格［D］. 西南大学，2012.
② 中华人民共和国教育部. 义务教育英语课程标准（2011 年版）［S］. 北京：北京师范大学出版社，2012：2.

异。在同一学校、同一班级内，也要具体考虑不同学生的实际水平和需要，从而适应学生的多层次需求，满足不同学生的个性化发展。例如，合肥市五十中学天鹅湖教育集团蜀山区外国语实验中学（以下简称为"合肥市五十中学天鹅湖教育集团蜀外校区"）和合肥市琥珀小学都能依照核心素养从语言知识、思维品质、文化意识和学习能力四个维度对学生在中小学英语学习中所应达到的基本目标进行规范。同时，它们也能根据实际学情制定校本英语教学目标，并具体落实到各个年级与课程中。合肥市五十中学天鹅湖教育集团蜀外校区倡导学生通过阅读英文原版图书实现对英语的灵活运用，通过参与小语种课程拓展国际文化视野；合肥市琥珀小学鼓励学生在活动参与中复述、表演、唱歌，了解英语国家的基本信息、节日活动、饮食文化。

第三章体现英语学科课程结构应考虑学科文化的规定性和灵活性。依据《义务教育英语课程标准（2011版）》对学生听、说、读、写、综合运用五个方面的具体规定，立足学校学情和条件，在基础课程以外适当拓展，科学合理、有创造性地建构校本英语课程群。同一课程板块下，各年级各学期的课程应在难度上有序递增，符合相应层级学生的身心发展水平。例如，在合肥市华府骏苑小学的"悦读写"这一板块中，三、四年级关注字母和单词的读写，五、六年级转向文章赏析和表达输出；在合肥市香樟雅苑小学的"Warm Speaking"这一板块中，三、四年级强调日常情景对话和绘本演绎，五、六年级侧重于故事讲述、影视配音和主题演讲。

第四章反映英语教材的系统性和课程的灵活性。在多元的课程设置下，必须以规定教材为主体，遵循教材的系统性，结合相关资源进行延伸，设立丰富多彩的课程体系，培养学生的实践能力、创新意识与综合素养。例如，合肥市蜀山小学和合肥市蜀新苑小学充分发挥儿歌、绘本、云图书馆、网络学习平台等资源，充实学生在教材之外的学习体验，鼓励学生的主动参与。

第五章倡导在英语学科的课程实施中渗透语言的习得性和文化的熏染性。课程实施是课程设计与教学效果之间的关键桥梁，决定了学科课程理念和设置是否能真正落到实处。我们应当改进英语教学方式，积极创设英语学习的环境和氛围，将英语教学置于真实的生活情境之中，培养学生发现问题和解决问题的能力，依托活动体验深度学习。例如，合肥市金湖小学和合肥市凤凰城小学提倡在课堂上创设英语交际氛围，开展绘本沉浸式阅读，开展英语竞赛，组织英语研学游，举办主题式英语节日，建立有趣多样的英语社团等，将英语学习与生活实际有机融合。

第六章强调英语学科课程评价应结合学科文化的多样性和针对性。英语学科课程评价应当以学习为中心，采取多元化的方式和方法。既有以考试为代表的量化评价，也有以描述为主的质性评价；既要评定学生的参与和表现，也要对老师的教学过程及课程本身的设计、实施和结果进行评价；既要有以老师为主体的评价，也要鼓励学生自评和互评。具体到每一课程，应根据课程的性质、定位和内容制定有针对性的切实可行的评价方案。我们将以合肥市黄山路小学和合肥市西园新村小学的课程为例进行具体说明。

第七章指出英语学科课程管理应反映学科文化的规约性和适应性。合肥市十里庙小学的课程管理要求学校相关部门就学校的思想、组织、制度、时空、行动和安全等各方面实施全面而清晰的规范和制约，并且力求让各项规定适应本校的实际教学环境和师生情况，为课程的顺利进展提供保障。合肥市翠庭园小学确立以"博观而约同的语言学习"为主题的"VIGOR英语"课程群，有效开展教研活动，确立培训、教研、质监、奖励等制度，引导评价方向，加强安全维护，为课程的有效实施提供了必要和有利条件。

总的来说，英语学科课程群植根于英语学科文化，又为英语学科文化的蓬勃发展奠基助力；英语学科文化则为英语学科课程群明确方向，渗透于英语学科课程群建设的方方面面。我们从学科文化角度探索英语课程群建设，希望能给大家带来一些新的思考和认同。

（撰稿人： 史艺）

第一章

学科课程哲学兼具内隐性和外显性，其理论思想来源于实践经验，又为学科课程变革提供价值导向。学科课程哲学的内隐性表现为其理论思想对课程价值的内在导引和对课程实践的精神影响；外显性表现为课程关系人根据学情实际言说学科课程理念以及指引课程实践的外在过程。

学科课程哲学：价值的内隐性与理念的外显性

学科课程哲学构成了学科课程观的基础，是课程学习方式的思想支柱，引领学科课程的编制和实施。它将思想和实践融为一体，通过理论研究回应实践问题，兼具学科文化的内隐性和外显性。

学科课程哲学具有内隐性，它研究课程目标的价值导向和精神追求，讨论课程内容、课程实践和课程评价背后的价值观和方法论。[①] 因此，学科课程哲学需思考课程对人和社会的意义。它既受到传统文化的制约，又对文化进行进一步的甄选、传承和创新。学科课程强调培养国际化人才，在义务教育阶段兼具工具性和人文性，既要注重发展学生的基本素养和思维能力，又要提高学生的综合人文素养，培育其良好的世界观、价值观和人生观。每一种学校课程都隐含着课程设计者的某些哲学思想与观念，不同的课程理论都因其不同的哲学观点而不同。合肥市蜀山区各校的英语学科课程哲学都以英语学科核心素养为基础，致力于在英语课程实践的过程中培养学生的优秀品格和素养。例如，合肥市安居苑小学以"提升学生人文素养"为课程开发的依据，打造"和谐高效、富有生命活力的英语课堂"，促进学生英语学习和文化视野的双提升。合肥市五十中学东校认为英语学习要帮助学生拓展视野，丰富体验，发展个性和提高素养。通过丰富而又独特的课程设置，激发埋在学生心底的英语学习智慧种子，让他们爱上语言学习、学会用正确的方法学习英语，并且在逐步的成长过程中享受学习英语带来的成就感和自豪感。

学科课程哲学具有外显性，它源于课程理论和实践经验，既关注课程理论文本、指导纲要和教材文本，也渗透于课程实践和课程改革的全过程。[②] 同时，学科课程哲学应当进一步指导课程理论和实践，为培养学生的审美情操和崇高精神做出贡献。在实践中，各校应学习英语学科课程哲学的相关理论，从中汲取营养、提炼核心，并结合学校课程实施的学情和经验加以内化和调整，形成适合本校的英语学科课程哲学，体现本校的学生观、教育观和学校观。例如，合肥市安居苑小学结合英语学科的特点和实践，提出了以"充满生命活性的语言学习"为核心的"GREEN英语"学科课程理念，

① 夏永庚. 课程哲学研究论纲［J］. 当代教育科学，2015，No. 421（22）：16—19.
② 夏永庚. 课程哲学研究论纲［J］. 当代教育科学，2015，No. 421（22）：16—19.

营造和谐高效、富有活力的氛围，培养有理想信念和人文素养的英语学习者。基于英语学科的性质，结合学校办学理念和实际，合肥市五十中学东校制定了"SEEDS英语"课程群方案，致力于通过丰富而独特的课程激发学生心中英语学习的智慧之种，激发学生的内在动力和兴趣，让学生在体验、发展和分享中学习英语、爱上英语和发展自我。

综上所述，学科课程哲学的内隐性和外显性要求各校遵循《义务教育英语课程标准（2011年版）》和英语学科核心素养，注重课程价值的内在导引和课程实践的精神影响，根据学情实际指引课程实践的外在过程，考虑课程内容的选择、组织、实施和评价，制定出具有校本特色的英语学科课程理念，助力学生的学习和成长。

（撰稿人：许家良）

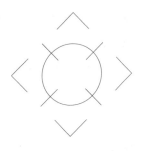

GREEN 英语：充满生命活性的语言学习

合肥市安居苑小学教育集团安居苑校区英语组由 8 名教师组成，既有已到不惑之年的教学经验丰富的资深教师，也有刚参加工作积极上进的青年教师，大家共同努力，拧成一股绳，形成了一支朝气蓬勃，团结互助的优秀集体。全体英语教师怀揣着对学生的爱心和对工作的责任心，默默耕耘，勤恳付出。

第一部分 学科课程哲学

一、学科课程价值观

《义务教育英语课程标准（2011 版）》指出义务教育阶段的英语课程具有工具性和人文性双重性质。就工具性而言，英语课程承担着培养学生基本英语素养和发展学生思维能力的任务；就人文性而言，英语课程承担着提高学生综合人文素养的任务。学生通过英语课程能够开阔视野，认识世界的多样性，在体验中外文化的异同中形成跨文化意识，弘扬爱国主义精神，形成社会责任感和创新意识，创造新时代中国特色社会主义新辉煌。①

二、学科课程理念

围绕我校"小绿叶"课程体系，结合英语学科的特点，我校英语组经过

---

① 中华人民共和国教育部. 义务教育英语课程标准（2011 年版）[S]. 北京：北京师范大学出版社，2012：2.

反复探究打磨，提出了以"充满生命活性的语言学习"为核心的学科课程理念。

"GREEN 英语"强调让学生学有所获（Gain 获得）。在英语学习中，学生们通过不断地学习和操练获得扎实的语言基础；通过感知、理解和运用语言获得不断提高并超越自己的快乐；通过各种形式的体验获得自信和积极向上的品质。

"GREEN 英语"强调对学生的尊重（Respect 尊重）。教学不仅是教与学的关系，同时也是师生双方思想和感情的交流的过程，有了尊重作为基础，才能建立和谐的师生关系，才能有和谐的英语课堂。老师尊重每个学生的人格，欣赏学生，倾听学生，接纳感受，包容缺点，分享喜悦，让学生体验到亲切、温暖的情感，从而产生积极的情绪和良好的心境，在积极向上的精神状态下愉快地学习，并主动克服困难，奋发进取。

"GREEN 英语"强调英语学习的高效（Efficient 效率）。高效的英语学习要求教师精准把握课程标准，熟知学生的情况，精心设计学生学习的内容，分层制定符合不同学习能力学生的学习内容。

"GREEN 英语"强调让英语学习充满生机与活力（Energy 活力）。英语课程需要教师积极开发好课程资源和教学手段，通过多种渠道，如唱歌、趣配音、英语故事、英语实践活动等形式来落实英语学习过程，教师通过悦耳动听的音乐、生动活泼的图片、妙趣横生的游戏和直观的动画视频等形式充分调动学生的情感、态度和兴趣等因素，让学生在享受课程学习的过程中提升兴趣、开阔视野、增长知识、发展智力和塑造性格，从而让英语学习充满生机与活力。

"GREEN 英语"强调学生人文素养的提升（Nourishment 润泽）。英语课程与教学要启发学生深入言语，悉心感受英语的语言形式之美，并引导学生自主模仿和表达；引导学生在英语课文、英文故事、英文绘本等不同形式的英语学习中感受大千世界和美丽人生的多姿多彩，从中积淀丰富的审美体验，陶冶性情，涵养心灵。

总之，"GREEN 英语"是充满生命活性的英语，是高效英语，是教与学的高度和谐的英语。我们期望建构充满生命活性的英语课程，培养有理想信念、有人文素养的英语学习者。

第二部分　学科课程目标

一、学科课程总体目标

《义务教育英语课程标准（2011 年版）》中指出，义务教育阶段英语课程的总目标是：通过英语学习使学生形成初步的综合语言运用能力，促进心智发展，提高综合人文素养。综合语言运用能力的形成建立在语言技能、语言知识、情感态度、学习策略和文化意识方面整体发展的基础之上。语言技能和语言知识是综合语言运用能力的基础；文化意识有利于正确地理解语言和得体地使用语言；有效的学习策略有利于提高学习效率和发展自主学习能力；积极的情感态度有利于促进主动学习和持续发展。这五个方面相辅相成，共同促进学生综合语言运用能力的形成与发展。①

二、学科课程年级目标

基于核心素养对学生不同维度的要求，我校英语组以学生为主体，以提高学生综合语言运用能力和发展学生的思维能力为主要目的，创设"GREEN 英语"课程群，来培养学生的综合语言运用能力，即从语言知识、语言技能、学习策略、文化意识和情感态度五个领域来分层实现。一是形成较为熟练的语言技能，掌握丰富的语言知识，体验学习过程的快乐，养成良好的英语交际能力；二是在活动中寻求科学探究的学习方法，形成自己英语学习的策略，有一定的英语认知、调控、交际和搜索资源的策略；三是能在英语学习中保持持久的学习热情和积极性，培养良好的学习习惯，建立学好英语的自信心，有同伴合作的精神，形成一定的国际视野；四是在学习中获得文化知识，有自己的文化理解，形成跨文化交际的意识和能力。根据学生不同年龄阶段的认知特征，制定了各年级英语课程目标。这里，以三年级为例，阐述年级课程目标的设计。（见表 1-1-1）

---

① 中华人民共和国教育部. 义务教育英语课程标准（2011 年版）[S]. 北京：北京师范大学出版社，2012：2.

表 1-1-1　合肥市安居苑小学 "GREEN 英语" 课程三年级课程目标表

学期	单元	基础性目标	拓展性目标
第一学期	Unit 1	1. 能用英语和别人打招呼。 2. 能够按顺序说出 26 个字母。 3. 能够用英文询问他人的姓名并进行回答。	1. 通过童声音韵（儿歌吟唱）的方式，帮助孩子记住一些简单的词汇，培养孩子的英语语感。 2. 通过小小书法家的活动，要求学生能够正确规范地书写英文字母，培养工整书写的好习惯。 3. 通过观看小视频或电影培养孩子的听力能力及语感。
	Unit 2	1. 能用英语和别人问好，向他人介绍朋友。 2. 能够听说认读颜色类单词。 3. 能正确听、说、读、写字母 Aa, Bb, Cc, Dd 并知道其在单词中的发音。	
	Unit 3	1. 能听懂、会说简单的问候语。 2. 能听说、认读关于身体部位的单词，并能用英语介绍自己的身体部位。 3. 能正确听、说、读、写字母 Ee, Ff, Gg, Hh, Ii 并知道其在单词中的发音。	
	Unit 4	1. 能听、说、认读动物类单词。 2. 能够在图片、实物或情境的帮助下运用句型询问并回答动物的名称。 3. 能正确听、说、读、写字母 Jj, Kk, Ll, Mm, Nn 并知道其在单词中的发音。	
	Unit 5	1. 能听懂、会说一些进餐时需表达的语言。 2. 能听说、认读有关食品、饮料的单词。 3. 能正确听、说、读、写字母 Oo, Pp, Qq, Rr, Ss, Tt 并知道其在单词中的发音。	
	Unit 6	1. 能听说、认读 1—10 的数字。 2. 能正确听、说、读、写字母 Uu, Vv, Ww, Xx, Yy, Zz 并知道其在单词中的发音。 3. 能够在实际情境中运用句型 "How old are you?" "I'm ... years old." 询问年龄并作答。	
第二学期	Unit 1	1. 能听懂并用英语询问他人来自哪里。 2. 能听、说、认读一些国家的单词。 3. 能够正确说出元音字母 a 在单词中的短音发音 /æ/，并能够根据其发音规律拼读学过的语音例词。 4. 学会与人沟通、交流个人信息。	1. 通过阅读绘本，加强自然拼读的训练。 2. 通过阅读，增强学生对单词的记忆，同时提高阅读兴趣。 3. 通过对中西方饮食的学习，让学生了解饮食观念及饮食方式的不同。
	Unit 2	1. 能听、说、认读家庭成员类单词并简单介绍自己的家庭成员。 2. 能够在图片、实物或情景的帮助下运用句型谈论家庭成员。 3. 能够正确说出元音字母 e 在单词中的短音发音 /e/，并能够根据其发音规律拼读学过的语音例词。	
	Unit 3	1. 能听懂、会说句型 "It's (so) tall/ short/... It has ..."。 2. 能够在图片、实物或情境的帮助下运用句型 "It's (so) ... It has ..." 描述动物并听懂别人的描述。 3. 能够正确说出元音字母 i 在单词中的短音发音 /ɪ/，并能够根据其发音规律拼读学过的语音例词。	

学期	单元	基础性目标	拓展性目标
	Unit 4	1. 能听、说、认读方位词。 2. 能够在图片、实物或情景的帮助下运用句型询问物品位置并回答。 3. 能够正确说出元音字母 o 在单词中的短音发音 /ɒ/，并能够根据其发音规律拼读学过的语音例词。	
	Unit 5	1. 能听、说、认读水果类单词。 2. 能够在情景中运用句型表达对某物的喜好。 3. 能够正确说出元音字母 u 在单词中的短音发音 /ʌ/，并能够根据其发音规律拼读学过的语音例词。 4. 初步了解名词复数的用法。	
	Unit 6	1. 能听、说、认读数字 11—20。 2. 知道元音字母 a，e，i，o，u 在单词中的短音发音规律。 3. 能够在图片、实物或情景的帮助下运用句型 "How many ... do you see？" "I see ..." 询问看到物品的数量并作答。	

第三部分　学科课程框架

《义务教育英语课程标准（2011版）》指出："英语课程的学习，既是学生通过英语学习和实践活动，逐步掌握英语知识技能，提高语言实际运用能力的过程；又是他们陶冶情操、拓宽视野，丰富生活经历，开发思维能力，发展个性和提高人文素养的过程。"①

一、学科课程结构

《义务教育英语课程标准（2011版）》指出："课程体系以培养学生的综合语言运用能力为目标，根据语言学习的规律和义务教育阶段学生的发展需求，从语言技能、语言知识、情感态度、学习策略和文化意识五个方面设计

---

① 中华人民共和国教育部. 义务教育英语课程标准（2011年版）［S］. 北京：北京师范大学出版社，2012：2.

课程总目标和分级目标。这五个方面相辅相成，使英语课程既重视培养学生的语言基础知识和基本技能。也注重优化学习过程，引导学生形成有效的学习策略和一定的文化意识，培养积极向上的情感态度和价值观。"① 基于课程标准对学生不同维度的要求，英语特色课程应能从听、说、读、写与文化五个维度培养学生综合运用语言的能力，且能体现语言技能、语言知识、情感态度、学习策略和文化意识五个方面的课程目标。因此，基于"GREEN英语"的学科理念和课程目标，以课本为依托，结合丰富的课外资源，如英语绘本、英语故事、英语歌曲以及课堂小游戏等，我们从雅美（graceful）阅读、妙（remarkable)笔生画、乐（enjoyable)听畅（encouraging)说、浸润（natural)文化四个维度，"阶梯状"系统地开设三到六年级课程体系。（见图1-1-1）

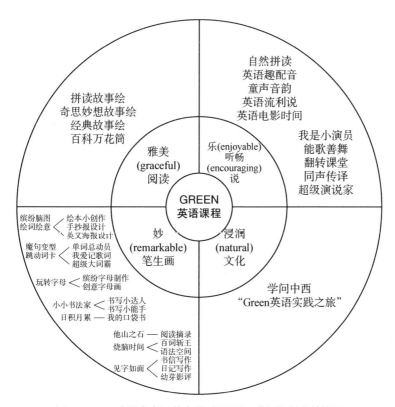

图1-1-1　合肥市安居苑小学"GREEN英语"课程结构图

① 中华人民共和国教育部. 义务教育英语课程标准（2011年版）[S]. 北京：北京师范大学出版社，2012：2.

二、学科课程设置

我们遵循英语学科的特点和学生认知发展的规律，稳步推进并逐步完善"GREEN 英语"课程设置，让学习水到渠成，润泽心灵，充满生机、活力。"GREEN 英语"学科课程中的基础型课程严格依据国家规定开设。除此之外，根据学校实际和学生学习需求，"GREEN 英语"学科课程中的拓展型和探究型课程设置如下。（见表 1-1-2）

表 1-1-2　合肥市安居苑小学"GREEN 英语"课程设置表

学段	课程	雅美阅读	妙笔生画	乐听畅说	浸润文化
三年级	第一学期	神奇的字母	字母画	初识拼读	"Green 实践之旅"（生活中的英语）
	第二学期	有趣的字母组合	小小书法家	你说我做	
四年级	第一学期	初级绘本阅读	跳动词卡	儿歌串烧	"Green 实践之旅"（餐桌礼仪）
	第二学期		我爱记单词	模仿剧场	
五年级	第一学期	经典绘本阅读	缤纷脑图	我是小歌手	"Green 实践之旅"（传统节日）
	第二学期		绘本制作	原创剧场	
六年级	第一学期	系列绘本阅读	百词斩王	英声美韵	"Green 实践之旅"（研学旅行）
	第二学期		手抄报设计	星光剧场	

第四部分　学科课程实施与评价

义务教育阶段的英语课程力求面向全体学生，为学生发展综合语言运用能力打好基础，同时促进学生整体人文素养的提高。英语是帮助学生开阔视野，认识世界的多样性和形成跨文化意识的核心课程。英语承担着培养学生基本英语素养，发展学生思维能力和提高学生综合人文素养的使命。因此，为了培养出适合时代要求的、全面发展的新型人才，在小学阶段加强英语学习能力的课程开发已是刻不容缓。基于此，我校英语组融合本校特色创建了以"GREEN 英语"为主题的英语学科课程，以学生为主体，以提高学生综合语言运用能力和发展学生思维能力为主要思想，全面提升学生的英语水平。

一、建构"GREEN 课堂"，有效推动课程实施

"GREEN 课堂"是学校英语学科的特色课程，追求润泽心灵、轻松高效和富有活力的课堂教学，尊重学生主体地位，突出学生的个性，让学生在民主平等、自然和谐的课堂氛围中提升学科素养。

（一）"GREEN 课堂"的实践与操作

英语学科紧扣"让英语学习轻松高效、富有活力"的课程理念，充分发挥英语组团队的力量，深入探索，不断实践，重点打磨"GREEN 课堂"的四种课型：雅美（graceful）阅读课、妙（remarkable）笔生画课、乐（enjoyable）听畅（encouraging）说课、浸润（natural）文化课。

首先，我校开设雅美（graceful）阅读课。阅读有助于培养和发展学生的思维能力，开阔视野，同时又能陶冶学生情操，发现美，感受美。依托"雅美阅读"课程，让学生热爱阅读，快乐地读书，阅读绘本中的故事，理解故事对话，揣摩角色的心理，并和同学们分享。

其次，在深入开展雅美阅读课的基础上，开设"妙（remarkable）笔生画"课，以阅读促写作，进一步培养学生的写作技能，从而提升学生的综合语言运用能力。教师在充分利用雅美阅读课中开展大量阅读的基础之上，挑选学生感兴趣且贴近生活实际的主题，精心设计仿写和创意写作的训练，鼓励学生每天坚持写一句话日记，记录自己的心情和生活的点滴，教师给予及时的指导和点评。当学生有了写作的兴趣和信心时，教师可以把一句话日记调整为尝试写一段话日记。依托"妙笔生画"课程，根据学生的平时积累和个人爱好，展示自制的海报或绘本，分享日记写作或影评。在过程中既复习巩固所学，运用学生已掌握的单词和句型，同时还培养了学生创造性思维能力。

再次，我校精心编排和创建"乐（enjoyable）听畅（encouraging）说"课。语言学习离不开大量的语音材料的输入，足够的语音输入才能进行流畅地语言输出。教师要多元化教学，收集和整合大量的视听资源，加强对学生音素意识的培养，如歌谣、绕口令等，帮助学生在字母与发音之间建立联系，培养学生对单词中音素的听辨能力和操作能力，形成自然拼读意识，同时提高学生独立阅读的能力。依托"乐听畅说"课程，让学生敢于张口，自选朗朗上口的歌谣，以小组为单位上台展示，并开展"英语趣配音"活动，

让学生给自己感兴趣的英文电影配音，激发学生大胆说英语，喜欢说英语，提高他们口语表达的兴趣和信心。

最后，依托浸润（natural）文化课，进一步提高学生的人文综合素养，帮助学生形成跨文化意识。语言有丰富的文化内涵。引导学生利用课外时间进行大量的英文阅读，组织学生观看英文纪录片，设计和编排英文戏剧并进行舞台表演等，让学生真实感知英语国家的文化背景知识，既可以丰富语言的学习形式，又能加深对英语国家文化背景、风土人情和生活方式的理解。

（二）"GREEN 课堂"的评价标准

依据英语学科"GREEN 课堂"的内涵，我校设计了《合肥市安居苑小学"GREEN 课程"课堂教学质量评价表》，以量化的方式对课堂教学进行评价。听评课后，由听课教师填写评价量表并交给执教教师，通过评价量化分数曲线图的绘制，记录教师课堂教学成长的过程。（见表 1-1-3）

表 1-1-3　合肥市安居苑小学"GREEN 课程"课堂教学质量评价表

学校_____　　　姓名_____　　　科目_____
授课时间_____　　授课内容_____　　评价人_____

项目		评 价 指 标	量化			得分
			4	3	2	
教师教学行为表现	教师基本技能	教学用语准确，口语流畅，板书清晰工整。				
		教态亲切、自然，语言准确流畅、有感染力，师生关系和谐。 书写规范，板书合理有效。 用英语流畅得体地组织教学，教师用语简洁明了，有效提问，注重以学生为主体。				
		有较强的课堂教学组织能力，能较好地调控课堂节奏和氛围，生动活泼，富有活力，注重课堂生成，注重信息反馈。				
		能根据教学内容充分开发、合理组织教学资源；能根据教材内容，合理使用实物、图片、挂图等直观教具，恰当运用多媒体进行教学。				
	教学目标达成	在教学过程中达成课程标准要求。				
		教材研读到位，重点、难点突出，预设教学目标有效完成。				
		注重学生综合语言应用能力和创新意识的培养，激发学生的兴趣和求知欲，拥有终身学习的活力。				

项目		评 价 指 标	量化			得分
			4	3	2	
	教学活动设计	较好地体现课程标准要求和教材主旨,教学活动设计合理,层次分明,各环节间的衔接自然流畅,强调有效性。				
		内容组织严密,知识容量和密度适中,深浅有度,层次清晰,重点突出,难点突破,提供任务型语言教学活动的场景。				
		内容适当延伸,教学活动设计贴近学生的生活实际,适合学生生活经历、兴趣、知识和技能的水平,强调全体参与。				
	教学方法与过程	教学活动注重培养学生良好和谐的情感态度、创新精神和价值观。激发学生的兴趣,引发学生高效思考,培养学习习惯,指导学习方法,提高学习效率。				
		教学程序安排科学,衔接自然,课堂结构合理,学生自主学习得到体现。				
		教学活动形式多样、实用,过程与目标吻合,适当地运用信息化教学手段和自制教具。				
		教学过程以合作学习为模式,重视师生、生生之间的合作交流,面向全体,分层教学,分类指导,人人参与学习的全过程。				
	教学评价	能用多种方法评价学生,恰当有效地鼓励和肯定学生的思维。				
		能指导学生进行自评和互评,能给学生创设二次评价的机会,帮助学生认识自我,建立信心,充满朝气和活力。				
		关注学生课堂感受,及时帮助学生认识和校正错误。				
	整体效果	气氛活跃,学生心情愉快,积极主动地学习,课堂充满生命活力。				
		学生既学到了知识,又发展了思维。				
		实现预期的教学目标,教与学的效果较好。				
	作业设置水平	作业数量适中,内容丰富,形式多样,具有一定的层次性和挑战性。				
学生学习过程表现	学习方式	在独立思考的基础上,积极参与小组合作。				
		学习兴趣浓厚,能主动学习,有课堂笔记。				
	目标达成	善于用英语表达交流,语言流利。				
		朗读和回答问题声音响亮。				

项目		评 价 指 标	量化			得分
			4	3	2	
总评	等级	优：　90分以上（含90分） 良：　80分以上（含80分） 合格：　60分以上（含60分） 不合格：　60分以下				
改进建议				总分		

二、开展"GREEN 英语实践之旅"——体验英语学习的快乐

　　语言来源于生活。在日常生活中孩子们可以接触到很多英语，这些英语就是鲜活的学习资源，孩子的语言、思维、认知、情商都在潜移默化地形成。所以，我们的实践活动关注生活，培养他们观察、提取与自学这些学习资源的能力，让他们学会多记录，多实践，张开嘴，勇敢地表达自己。

（一）"GREEN 英语实践之旅"的内涵

　　"GREEN 英语实践之旅"就是利用一切可以利用的条件为学生营造浓厚的英语学习氛围，让孩子们在多元的环境中通过各种渠道感受英语的应用，让他们意识到英语应用的广泛性。英语学习存在于生活中的点点滴滴，生活中处处有英语。英语实践之旅就是在生活中寻找提高自己英语水平的途径，英语实践之旅就是把英语学习融入日常生活。

（二）"GREEN 英语实践之旅"的实践与操作

　　自愿参加。学校组织活动前，召开家长委员会议，充分研究活动方案，公布活动详细计划及收费标准，由学生自愿报名参加并且由学校和家长签订自愿报名参加的协议，费用收取和支出公开、透明。

　　安全第一。学校在组织开展活动前，要针对活动内容专门对学生进行安全教育，做好安全保障措施，把活动可能的安全风险告知学生和家长。

　　结合以上要求，我校安排了如下所示的"GREEN 英语实践之旅"活动。（见表1-1-4）

表1-1-4 合肥市安居苑小学"GREEN英语实践之旅"内容安排表

时间	地点	参与人员	内容
1月	社区超市	三年级	主题情景对话
3月	社区书店	三年级	我是小画家
4月	社区超市	四年级	主题情景对话
5月	餐厅或家庭	四年级	舌尖上的文化
6月	餐厅或家庭	五年级	餐桌上的礼仪
9月	社区书店	五年级	学问中西
10月	电影院	六年级	原音重现
11月	社区书店	六年级	探索发现

（三）"GREEN英语实践之旅"的评价标准

"GREEN英语实践之旅"重点在于培养学生的兴趣和实践能力，而非知识和技能。评价要注重激励性，鼓励学生发挥自己的个性特长。"GREEN英语实践之旅"评价在学生自我评价的基础上，应尽可能采用集体讨论和交流的形式，将个人和小组的经验及成果展示出来，并鼓励相互之间充分发表意见和评论。（见表1-1-5）

表1-1-5 合肥市安居苑小学"GREEN英语实践之旅"评价内容表

评价项目	评价要点	评 价 标 准	评价效果（优良中）
目的内容	目标明确	符合英语学科核心素养的4个维度 发展个性	
	内容实用	贴近生活，丰富学生的直接经验 贴近生活，丰富学生的间接经验	
	内容综合	引入多种信息 运用英语表达	
	深浅适当	分量适当 难度适中	
方式	组织方式	走出校园实践感悟 具体组织形式得当	
	学生活动方式	方法得当 多法结合	
活动过程	活动要素	有机组合家校配合要素	
	活动步骤	活动准备 活动展开 活动评价总结	

评价项目	评价要点	评 价 标 准	评价效果（优良中）
活动效果	学生自主性	能在老师指导下自主地进行思考和解决问题	
	学生创造性	思路新颖 方法多样 有一定活动成果	

三、举办"GREEN 英语月"，激发学生英语学习的兴趣

英语教学提倡寓学于乐的教学过程，兴趣是学生学习英语的动力。"GREEN 英语月"系列活动就是激发学生对英语学习的兴趣，使学生乐于其中，学于其中。

（一）"GREEN 英语月"的内涵

"GREEN 英语月"主要是按年级、班级开展主题活动，培养形成"自主"的学习方式，使学生的学习主体得以实现。在充满乐趣的活动氛围中，让学生积极参与、主动参与，自主投票评出自己心中的优胜者。在活动中，挖掘每个学生的潜质，力争使每个孩子人人都参与，人人有收获，让孩子在活动中找到自信，让英语走近每个孩子，使他们想说、敢说、能说。

（二）"GREEN 英语月"的实践与操作

我们每年的 12 月即"GREEN 英语月"，根据学生不同的阶段，通过不同的主题活动激发学生对"GREEN 英语月"的参与热情，以班级为单位角逐，选取胜者参与年级的优秀展出。安居苑小学"GREEN 英语月"内容安排如下。（见表 1-1-6）

表 1-1-6　合肥市安居苑小学"GREEN 英语月"内容安排表

年级	活动内容		活动时间	负责人
三年级 （低年段）	比赛 展示	英语字母手势操	12 月的第一周	英 语 组
		英语字母创意画		
		英语单词书写		
四年级 （中年段）	比赛 展示	角色表演	12 月的第二周	
		绘本朗读		

年级	活动内容		活动时间	负责人
五年级 六年级 （高年段）	比赛 展示	英语手抄报	12月的第三周、 第四周	英 语 组
		声临其境		
		创编绘本　角色扮演		
		绘声绘影		

（三）"GREEN 英语月"的评价标准

"GREEN 英语月"遵循发展性、适宜性、类别性的原则，给同学们一个展示自我的舞台，评价采用观摩点评、活动效果总结等方法进行。（见表1-1-7）

表1-1-7　合肥市安居苑小学"GREEN 英语月"评价细目表

项目	评价标准	等级 （优良中）	亮点	建议
主题	向上、向好、有明确的指向性。			
	很好地体现了角色的语气神态和意境。			
内容	活动内容新颖，符合学生的年龄特征。			
	活动环节典型，有说服力和感染力。			
	结合实际，贴近学生生活和社会现实。			
形式	寓教于乐，有利于学生个性特长的展示。			
	层次分明，结构完整紧凑。			
	丰富多样，学生喜闻乐见。			
	环境营造得体，较好地烘托主题。			
过程	学生热情参与，主体作用发挥好。			
	循序渐进，激发学生爱祖国、爱生活、爱他人的热情，反映了学生的认识特点和情感发生规律。			
	教师引领学生有方，指导有度。			
效果	学生积极体验，深刻感悟，激起情感共鸣。			
	学生精神振奋，思想境界得到提升。			

我们希望，每个孩子都能在丰富多彩的英语活动中展示才能，发掘自己的学习潜力。

（撰稿人：刘丽君　周雪梅　马珺　郑娅娟　陈元元　谢芮　杨洁）

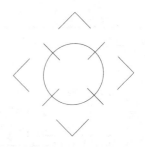

SEEDS 英语：语言的启新绽放之旅

合肥市五十中学东校英语教研组是一支精于教研、扎实教学、勇于创新、开拓进取的学科团队。教研组内师资雄厚，包括正高级教师 1 人，省级教坛新星 1 人，市级骨干教师 6 人，区级骨干教师 8 人，尤以中青年教师为主。教研组以英语学科基本理念为指导，结合学生的实际，将教学教研工作开展得有声有色，扎实中有创新，常规中有特色。

第一部分　学科课程哲学

一、学科价值观

《义务教育英语课程标准（2011 年版）》指出：义务教育阶段的英语课程具有工具性和人文性双重性质。学生通过学习和运用英语基础知识和基本技能，通过大量的基于情境的综合语言实践，发展使用基础英语的综合能力。从语言的人文性特点上看，通过课程的学习可以使学生认识不同语言所承载的文化内涵和思维方式，也可以帮助学生形成开放、包容的态度和多元视角，在学习和发展英语综合运用能力的同时，拓宽国际视野，提炼认知品质，养成良好的跨文化意识和沟通能力，增强学生的爱国情怀，有助于学生形成正确的人生观、世界观和价值观。[①]

---

① 中华人民共和国教育部. 义务教育英语课程标准（2011 年版）[S]. 北京：北京师范大学出版社，2012：2.

二、学科课程理念

基于英语学科的性质，我校英语教研组认为英语课程的学习既是提高学生英语语言运用能力的过程，也是学生拓展视野、丰富生活经历、发展个性和提高人文素养的过程。教研组经过反复研究讨论，结合我校优质办学理念和学生实际情况，制定出具有我校特色的"SEEDS英语"课程群方案。"seed"本意是"种子"，即通过丰富而又独特的课程设置，激发埋在学生心底的英语学习智慧种子，让他们爱上语言学习、学会用正确的方法学习英语，并且在逐步成长的过程中享受学习英语带来的成就感、自豪感并不断总结学习经验。同时，从发展的眼光来看，每位学生都是一颗种子，在不同年龄不同学段，随着他们自我认知以及学习能力的加强，他们会像一颗颗饱满的种子一样茁壮生长，魅力绽放。下面是"SEEDS英语"中每个字母代表的含义：

S — Stimulate 激励

通过激励学生学习的内部驱动力，让学生在英语学习过程中积极努力探索。在教学过程中，教师要始终以饱满的热情鼓舞和引领学生，以欣赏的眼光看待学生，以平和的心态包容学生，以丰富的课程吸引学生，激发学生求知和学习的欲望，促使学生主动去探索和学习，培养他们的兴趣和信心。

E — Enjoy 喜爱

兴趣是最好的老师。初中时期，学生的观察、记忆、想象等能力迅速发展，但抽象逻辑思维在很大程度上还需要感性经验的支持。因此，针对学生身心发展的特点，教师通过创设贴近生活、贴近自然的英语语言情境，让学生全身心地投入到课程学习中，通过多种感官的刺激，加深学生对英语学习的理解，对知识的渴望。各种丰富多彩的听说读写课程可以充分调动学生学习英语的积极性，让学生感受到学习的乐趣，丰富他们的情感体验，让他们在快乐的课堂中幸福成长。

E — Experience 体验

"Tell me, and I will forget; Show me, and I may remember; Involve me, and I will understand." 学生是学习的主体，教师是学生学习和成长的促进者。通过为学生创造真实鲜活的英语语言环境，让学生实际操练听、说、读、写等英语学习中的各种技能，丰富他们的语言学习体验，引导学生由被动到主动、由依赖到自主、由课内到课外、由接受到创造性地参加体验，促使他们在真实生活中感受语言，理解语言，习得语言。

D-Develop 发展

通过英语课程学习，引导学生观察探索周围的世界，培养他们良好的生活习惯和学习习惯；帮助学生掌握正确的英语学习方法，养成善于思考，主动探究的精神。学生在课程的学习中体验、感受并逐步提升和完善自我，形成丰富的想象力和一定的思维发散能力，最终形成对英语学习的独特见解和较强的思辨能力。

S-Share 分享

分享可以让学生收获友谊、收获快乐、收获尊重。通过课程群开展的一系列社团活动，学生将课内外学习的成果与同伴及老师交流分享，可以促进他们自身的发展和进步，增强自信心，提高社会交往能力，增强对社会、文化、世界的认识，实现共赢。

第二部分 学科课程目标

一、学科课程总体目标

基于对学生不同维度的要求，为了逐步达成英语课程标准中的总目标，我校英语教研组开发了"SEEDS英语"这一系统而持续渐进的英语课程体系，以提高学生语言运用能力和发展学生的思维能力为指导思想，发展学生核心素养，落实立德树人育人目标。

（一）语言能力

语言能力指在社会情境中，以听、说、读、看、写等方式理解和表达意义的能力，以及在学习和使用语言的过程中形成的语言意识和语感。学习语言的一个重要目的是获得综合性语言运用能力，语言知识和语言技能是发展语言运用能力的基础。通过"SEEDS英语"课程，学生可以根据话题、语境、场合和人际关系等各种因素，选择恰当的词语进行比较流利的交流或表达。同时，教师在教学中应注意创设真实的语言交流环境，通过构建体系化的知识，帮助学生对书本上的知识点进行内化与整合，从而将其转化为能力、智慧和创造力。这种能力的提高也同时蕴含文化意识、思维品质和学习能力的提升，有助于学生拓展国际视野和思维方式，开展跨文化交流。

（二）文化意识

语言是文化的载体，语言本身也是文化的重要组成部分，语言与文化密不可分，所以如何通过"SEEDS英语"课程来培养学生的文化意识，是教师在英语教学中的一项重要任务。教师在中外文化知识的教学中，应通过创设有意义的语境，恰当利用信息技术，基于语篇所承载的文化知识，引导学生挖掘其意义与内涵，帮助学生在语言练习和运用的各种活动中学习和内化语言知识和文化知识。在起始阶段应使学生对中外文化的异同有粗略的了解，教学中涉及的外国文化知识应与学生的学习和生活密切相关，并能激发学生学习英语的兴趣。在课程学习的较高阶段，要通过扩大学生接触外国文化的范围，帮助学生拓展视野，使他们提高对中外文化异同的敏感性和鉴别能力，进而提高跨文化交际能力。文化意识体现英语学科核心素养的价值导向，文化意识的培养与其他学科核心素养的培养要相互促进、相互渗透，实现学生学科核心素养整体的协调发展和综合提高。

（三）思维品质

思维品质首次出现在英语课程标准中就被确定为学生通过英语学科教育必须发展和提升的重要核心素养。思维品质是指思维在逻辑性、批判性、创新性等方面所表现的能力和水平。在"SEEDS英语"课程的教学中，教师尤其要关注学生思维方面的训练，通过形式多样的课程，引导学生观察语言与文化现象，分析和比较其中的异同，归纳语言及语篇的特点，辨识语言表达的形式和语篇结构的功能，分析和评价语篇所承载的观点、态度、情感和意图等。同时，思维品质的发展有助于学生提升分析和解决问题的能力，让他们能够从跨文化视角观察和认识世界，对事物做出正确的价值判断。

（四）学习能力

学习能力是指学生积极运用和主动调试英语学习策略、拓宽英语学习渠道、努力提升英语学习效率的意识和能力。"SEEDS英语"课程中各项活动的设置都旨在提高学生的学习能力，教师在教学中也都着重培养学生自主学习、合作学习、探究学习等方面的能力，使学生能够在英语学习过程中进一步树立正确的英语学习观，认识到英语学习具有持续性和渐进性，是一个不断体验、实践和积累的过程。学习能力的培养有助于提高学生的学习效率，增强学生在学习过程中的主体意识、进取精神、拓展学习能力，这对学生语言能力的提高、文化意识的培养、思维品质的提升都具有重要的促进作用。

二、学科课程年段目标

基于学科课程总体目标，依托"SEEDS 英语"课程理念，我校确定了系统而持续渐进的英语课程体系年段目标，以此来实现对语言综合能力培养的总目标，这里以七年级为例，阐述对学生语言综合能力的培养目标。（见表1-2-1）

表1-2-1　合肥市五十中学东校"SEEDS英语"课程七年级年段目标

学期	模块	基础性目标	拓展性目标
第一学期	Module 1	1. 能听懂包含自我介绍的简短对话。 2. 能作简单自我介绍或询问对方个人信息。 3. 能读懂关于人物介绍的简单文章。 4. 培养良好的人际交流态度，能够运用所学句型结构向不同的朋友介绍自己的情况。	1. 通过趣音美韵这一课程初步渗透语音学习，使学生了解基本的字母及字母组合的发音规律，模仿地道发音。 2. 通过趣味阅读课程，增加学生学习兴趣，积累并拓展日常词汇量并学会讨论分享。 3. 开设妙笔生画课程帮助学生养成正确的书写习惯，并掌握基本的书写技巧。 4. 通过"我的家庭"课程了解相关的主题文化及中西文化差异，培养跨文化交际意识。 5. 归纳本学期学习的词汇、句型及相关用法，培养学生自主学习能力。
	Module 2	1. 能听懂有关家庭介绍的简短对话，辨别对话中的人物关系，能用指示代词来介绍自己的家庭，询问他人的家庭情况。 2. 能阅读介绍人物职业和工作地点的文章。 3. 能够以家谱的形式画出自己的家庭结构图，并向同学介绍自己的家庭。	
	Module 3	1. 能听懂介绍学校的简短对话并学会介绍自己的班级和学校。 2. 能通过描述判断出图中物体之间的位置关系。 3. 了解不同国家的学校教育，能运用所学向他人介绍自己的学校，并落实到笔头。	
	Module 4	1. 能听懂关于食物和饮料的对话，能谈论自己最喜欢的食品和健康食品，能发表自己对食品的看法。 2. 能阅读有关健康食品的短文，能写出有关健康食品的短句，能制作食品海报并进行展示。 3. 让学生了解中西方饮食文化的差异，培养对中国饮食的感情，做一张关于健康早餐的海报。	

学期	模块	基础性目标	拓展性目标
	Module 5	1. 能听懂时间的表达方式，能简单介绍学校开设的课程及上课的时间。 2. 能阅读介绍学校生活的文章。 3. 能够简单描写个人一天的学校生活，能和同伴一起谈论理想中的学校生活。	
	Module 6	1. 能听懂介绍动物的对话，谈论并介绍动物。 2. 能读懂介绍动物的篇章，并找出文中相关细节信息并根据信息描写自己喜欢的动物。 3. 培养热爱动物的情感，增强保护动物的意识，能和同学合作，制作介绍动物的海报。	
	Module 7	1. 能听懂有关电脑操作的连续的指令和简单询问，能简单描述或介绍电脑的相关操作。 2. 能读懂介绍电脑的短文大意，能简单表述计算机的用途。	6. 参与年度"嘉年华"活动，激发学生学习英语的兴趣和勇于自我展现、乐于分享的精神状态。
	Module 8	1. 能识别用"Would you like to…？"句型发出的邀请并能做出得体的应答。 2. 能读懂关于生日庆祝的短文，能描述家人或朋友的喜好特点并为其挑选生日礼物。 3. 培养乐于交友、富有爱心、健康向上的品格。	
	Module 9	1. 能识别对话中谈论的正在发生的事情并能转述正在做或正在发生的事情。 2. 能读懂描述正在发生的事情的短文。 3. 能仿写明信片，描述自己或他人正在做的事。 4. 能够与同学合作，对正在发生的事情做访谈。	
	Module 10	1. 能听懂关于春节前的准备活动的对话，能询问对方正在做什么并进行描述。 2. 能读懂有关春节庆祝活动的内容，能向同学介绍春节或其他中外节日。 3. 能向外国朋友介绍春节并乐于了解其他国家的重大节日。	
第二学期	Module 1	1. 能够阅读及书写招领启事和寻物启事。 2. 能进行寻找失物及归还失物的对话。 3. 了解中西方失物招领方式的差异，培养助人为乐、拾金不昧的高尚品德。	1. 通过美文诵读、趣配音课程帮助学生巩固自然拼读规则，练习地道发音，使学生体会到学习英语的乐趣，勇于开口并积极尝试。
	Module 2	1. 能用英语表达自己在某一方面所具备的才能并在班中竞选班委或展示自己的特长。 2. 能够制作一幅介绍某一社团的海报。 3. 通过交流彼此的特长与爱好培养团队意识，增强自信心，培养竞争和为班级服务的意识。	

学科文化：英语学科课程新视角

学期	模块	基础性目标	拓展性目标
	Module 3	1. 能够读懂并且书写包含计划、安排的短文。 2. 能用英语来询问并谈论计划。 3. 了解不同国家、不同民族的不同休闲安排和生活，养成良好的有计划的生活和学习习惯，培养学生自主学习的能力。	2. 通过"我的故乡"课程使学生不断积累课外词汇量，克服生词障碍，拓展句型，并掌握有效的阅读方法。同时了解英语国家习俗文化，初步培养跨文化意识。 3. 通过"主题海报、多彩世界"课程帮助学生进行模仿创造，为以后的写作打下坚实基础。并使学生主动探索中外文化差异的内涵，体验不同文化的交融。同时培养学生探求适合自己的学习方法的意识。 4. 通过举办书法比赛培养学生初级写作技巧，聚焦书写格式、美观。
	Module 4	1. 能够读懂并描述对未来的设想，如对未来学校、未来生活的设想等。 2. 能够制作一幅关于家乡未来的海报。 3. 了解未来生活会带给我们的变化，让学生有危机感，增强学科间的交流，培养学生具有探索未来的科学思想。 4. 通过对美好未来的憧憬，培养学生乐观向上的精神。	
	Module 5	1. 能听懂有关购物的简短对话，并能用英语进行购物对话。 2. 能阅读及书写介绍不同购物方式的文章，谈论网上购物利与弊等。 3. 为学校的野餐活动写一份购物清单。 4. 体会中西方购物方式的不同，通过为母亲选择礼物，教育学生要以感恩的心，关爱父母和他人。	
	Module 6	1. 能够听懂并用英语交流有关问路、指路的简短对话。 2. 能够读懂地图及对一个地方的描述，能根据地图讲清路线，描述出某个地点的位置，学会看地图、使用地图。 3. 了解问路、指路时的一些礼貌细节，并了解英国首都伦敦的一些风景名胜，了解他国文化。 4. 运用所学知识，向他人介绍自己的家乡，增强对家乡热爱之情。	
	Module 7	1. 能够听懂、读懂描述过去生活或经历的对话及短文。 2. 能向他人介绍自己过去的生活。 3. 通过对童年的描述，增进同学之间的了解，培养对家乡和生活的热爱。 4. 了解英式英语和美式英语在某些单词拼写上的不同之处。	
	Module 8	1. 能够听懂并读懂一些简单的故事，明白其中的主要人物和事件及情节的先后顺序。 2. 能够阅读并书写一些简单的英文童话故事。 3. 能够了解中国童话与外国童话的异同，了解世界各地的风俗习惯。 4. 通过阅读童话故事，提高对英语的学习兴趣，感受学英语的乐趣。	

学期	模块	基础性目标	拓展性目标
	Module 9	1. 能够听懂谈论过去的经历的简短对话，能询问并回答有关过去的事情。 2. 能够读懂简单的人物传记，掌握段落大意，并理解文章细节能够按时间顺序描述自己和他人的过去的经历。 3. 了解英国文豪莎士比亚，培养对文学家的崇敬之情及对文学的兴趣。	
	Module 10	1. 能够听懂并谈论旅行经历。 2. 能够读懂并书写关于旅行经历的文章，能向他人描述自己的假期计划和旅行经历。	
	Module 11	1. 能够听懂对身势语的描述。 2. 读懂简单的介绍不同国家身势语的短文，并能用正确的祈使句给出书面指示语和建议。 3. 能够体会关注不同国家的文化、风俗习惯。	
	Module 12	1. 能够听懂对音乐的简单描述，并且表达自己的喜好及询问他人的喜好。 2. 能够读懂有关音乐及相关人物的介绍的文章，掌握其细节内容。 3. 能够与小组成员合作制作有关音乐和作曲家的海报等。 4. 通过了解外国著名音乐大师和西方音乐来了解不同的文化。	

第三部分　学科课程框架

一、"SEEDS 英语"学科课程结构

《义务教育英语课程标准（2011 年版）》指出："通过英语学习使学生形成初步的综合语言运用能力，促进心智发展，提高综合人文素养。综合语言运用能力的形成建立在语言技能、语言知识、情感态度、学习策略和文化意识等方面整体发展的基础之上。"① 围绕这个总目标及我校"SEEDS 英语"的学科课程理念，本着满足学生的个性化学习需求，激发学生的兴趣和潜能，陶冶学生的情操和审美，拓展学生的视野和经历，提高学生的语言素养

① 中华人民共和国教育部. 义务教育英语课程标准（2011 年版）[S]. 北京：北京师范大学出版社，2012：2.

和人文素养的原则，我校英语教研组不断开发优化，从听、说、读、写及综合实践入手，最终确立了以下课程结构。分为"我"爱听、"我"想说、"我"乐读、"我"会写、"我"敢秀五大板块。（见图1-2-1）

图1-2-1　合肥市五十中学东校"SEEDS英语"课程结构图

（一）"我"爱听

通过规范字母发音、总结拼读规则、听音辨词、倾听英文歌曲，以及欣赏原版电影等活动，营造出全英文的学习环境，在学生心中撒下兴趣的种子，循序渐进地培养学生的英语语感，树立学习语言的自信心。

（二）"我"想说

引导孩子开口读、大声说，小小的种子开始萌芽。通过课前秀、趣配音、演说家、故事会等一系列活动让孩子树立学习英语口语交流的习惯和意识，分享英语口语的乐趣，热爱口语表达，实现语言的工具性功能。

（三）"我"乐读

有了一定的听说基础，种子储存了足够的能量，开始进入迅速生长阶段。教师应为学生提供大量的贴近学生日常生活的课外阅读及经典的名著阅读，让他们有更多的接触英语的机会，为学生提供思维和想象空间，丰富学生的知识储备，拓展学习的深度与广度，培养他们发现问题、分析问题和解决问题的能力以及良好的阅读习惯。

（四）"我"会写

规范的英文书写和简单的写作策略是学生进行语言输出的实际需要，写作是学生多方面语言知识综合应用能力的反映，练习写作是一个长期的过程。课程设置中，写的训练逐步升级，从描红写字母到临摹写单词和句子，进而到进行自主文本表达。

（五）"我"敢秀

昔日播下的种子已枝繁叶茂，各自绽放！通过多元化的小组活动（涵盖综合课程），让学生感受运用之乐，领略世界的风情，更让他们拓宽视野，培养国际意识，提高跨文化交际能力，使每一个学生茁壮成长，成为敢与世界对话的人。

二、学科课程设置

我校七到九年级使用的教材是外语教学与研究出版社的新标准英语。除国家规定课程外，根据各年级学生认知水平和发展特点，以及在课程的研究与实践中不断地探索和积累的经验，开设了"SEEDS 英语"课程，以年级为纵向，以学科课程为横向，全方位、立体式、多维度地从听、说、读、写四个方面，从低年级以注重听说为主，到高年级注重读写为主，循序渐进地设置了具有我校特色的"SEEDS 英语"课程。（见表 1-2-2）

表 1-2-2 合肥市五十中学东校 "SEEDS 英语" 课程设置表

学段	课程	课程设置				
		我爱听	我想说	我乐读	我会写	我敢秀
七年级	第一学期	趣音美韵	电影配音	趣味阅读	妙笔生花	我的家庭
	第二学期	美文诵读	电影配音	西方文化	主题海报	英语嘉年华
八年级	第一学期	边走边说	绘本表演	阅读分享（黑布林英语分级阅读第七级）	思维导图	真我风采
	第二学期	耳濡目染	你听我说	阅读分享（黑布林英语分级阅读第八级）	日积月累（60词小作文）	星光熠熠（英语展示秀）

学段 ＼ 课程		课程设置				
		我爱听	我想说	我乐读	我会写	我敢秀
九年级	第一学期	光影播客	小演说家	名著赏析	日积月累（各类文体书面表达）	多彩世界
	第二学期	经典名曲	小演说家	名著赏析	妙笔生花（100—120 词书面表达）	舌战群儒

第四部分　学科课程实施

　　我校英语课程开发坚持以学生为主体的思想，从激发学生的学习兴趣着眼，采取多样化英语教学形式，帮助学生形成正确的价值观、必备品格和关键能力。

一、打造"SEEDS 英语"课堂，推进学科课程实施

　　"SEEDS 英语"课堂把对学生的兴趣培养放在首位，结合学生的年龄特点和实际需求，通过丰富而又独特的英语课程设置，激发埋在学生心中的智慧种子，让他们爱学习，会学习，享受学习，为每个孩子提供适合的活动，让学生通过参加听、说、读、写、看、演等形式多样的活动，养成爱听、想说、乐读、会写、敢秀的良好的英文素养。

　　活跃课堂气氛，给学生减压。教学不是刻板而无味的，教学幽默最明显的功能就在活跃课堂气氛，如果教师在教学中一味地照本宣科，语言平淡无味，必定导致课堂气氛死气沉沉，学生无精打采。而如果教师在教学中适时地穿插点幽默，就会给紧张的课堂教学注入生机和活力，激发学生学习的动力，使学生精神振奋，情绪饱满地投入学习。

　　激发学生的学习兴趣和求知欲。兴趣是最好的老师，兴趣是成功的前提，教师要善于把知识内容用故事、图片、视频、表演等形式展示出来。学生对这些喜闻乐见的形式最容易发生兴趣，有了兴趣便会迸发出学习的热情，只有让学生发自内心地喜欢自己所教学科，才能实现快乐学习，从而做到事半功倍。

　　改变教学模式，以学生的学习为主。努力激发学生参与教学活动的积极

性、主动性，让学生乐学、好学，采用科学有效的教学方法，教师注重教学活动内涵的挖掘，让学生充分地体验和探索。在有组织的情况下，让学生自主活动的时间和空间得到较大的拓展。

良好的课堂纪律是提高课堂效率的保障。一个效率高的课堂也应有良好的纪律作保障，只有在安静有序的课堂，教师才能心怀激情，按计划高效完成教学任务，学生们才能接收到更多信息学到更多知识，保证良好的课堂纪律。

创设和谐的师生关系。师生间良好的情感能够促使教师更关心学生，传授给学生尽可能多的知识技能和哲理。在课堂上，只有师生配合好，才能创建一个好的课堂气氛，最终创建高效课堂。

二、举行"英语嘉年华"，给学生搭建展示的舞台

由英语组主办的英语嘉年华活动，截至今年已经开办了六届，年年有创新，届届更精彩，已经成了我校品质课程开展的一张名片，受到学生、家长的一致好评，也收获了极大的社会关注度。品质课程的开展，极大地丰富了学生的课余生活，激发了学生学习英语的兴趣和动机，培养了学生的跨文化交际意识和文化品格，丰富了学生的学习体验，满足学生深度学习和个性化发展的需要，使学生真正成为学习的主人。我校"英语嘉年华"课程开办六年来已经积累了丰富的经验，从宣传发动到汇报表演，每一阶段都有具体的时间安排和任务分工。（见表1-2-3）

表1-2-3　合肥市五十中学东校"英语嘉年华"实践操作流程

1. 发动宣传阶段	时间：每年十月 活动方案：以英语教研组的名义发布通知，进行宣传。
2. 班级预选阶段	时间：每年十一月中旬 活动方案：班级预选，各班英语教师负责，学校音体美教研组协助。
3. 年级海选阶段	时间：每年十二月初 活动方案：各英语备课组负责，学校音体美教研组协助。
4. 学校编排阶段	时间：每年十二月中旬 活动方案：学校将对所有节目进行总协调、总编排，去粗取精，精益求精。
5. 汇报表演阶段	时间：每年十二月底 活动方案：学校邀请知名英语教育专家点评、打分评比并颁奖。

三、建立"SEEDS 英语"社团，享受英语学习的快乐

"SEEDS 英语"社团具有鲜明的特点，它以语言学习为基础，开阔学生国际视野，提高学生发现、分析和解决问题的能力。我校"SEEDS 英语"社团包括 I English Club、English Dubbing Fun、High Drama Club 和 Go running, English 等，下面分别进行介绍。

I English Club（爱英语社团）是对学校课堂教学的补充和延伸，致力于培养学生对英语的兴趣，增长知识、提高技能、丰富学生的课余文化生活。该社团与课堂教学相比更具灵活性、可塑性，能为学生提供更多自由施展才华的机会，深受学生喜爱。我校也一直从实际情况出发，根据学校的具体学情有计划有组织地开展活动，通过丰富多彩的活动，调动学生的积极性，激发学生学习英语的兴趣，努力为学生提供一个展示自我和锻炼自我的平台。

English Dubbing Fun（"声"临其境）每期都会定一个主题，让学生围绕主题自己去寻找合适的配音短片，不仅锻炼了学生的英语口语，更让他们在合作中共同成长，共同进步。在配音练习的过程中，学生的英语的口语能力、思维和语感、想象力、表现力等都会不断提升，同时也能让他们亲身体验配音带来的乐趣。

High Drama Club（玩转话剧）通过让学生进行英语情景短剧的表演，提升他们综合运用语言的能力，同时也能提高学生的艺术修养。话剧的表演对学生的要求较高，学生不仅要流利地进行英语对话，更需要投入感情，深入了解句中的人物特点并进行演绎，这可以大大提高学生的综合素质，促进学生全面发展，展示学生的英语才华。

Go running, English（奔跑吧，英语）以快乐为宗旨，定期组织学生进行英语趣味闯关活动，如：你画我猜秀口语，我爱猜歌词，词语接龙购物狂，趣味辩论大比拼等形式各样的活动，让孩子在游戏中说英语，在快乐中学英语，在真实语境中秀英语，真正做到敢说、会说、爱说英语，不断提高自己的沟通和表达能力，将英语真正地融入生活。

"SEEDS 英语"课程的开发与实施不仅关注语言知识与技能的学习和训练，更聚焦方法与能力以及情感态度；不仅仅引导学生学习，拓展思维，

更培养学生的跨文化交流的意识，从而提升学生的英语语言素养。"SEEDS英语"课程的实施，有助于学生们了解自我、了解世界；也有助于培养他们开放、包容的性格，为他们未来更好地适应世界多样化奠定了良好的基础。

（撰稿人：崔燕　刘慧　陶春林　沈璐　杨璇　操红）

第二章

学科课程目标：目标的总体性与校际的差异性

学科课程目标具有总体性和差异性特征，是总体目标和年级目标的有机统一和校际差异的现实耦合。总体性表现为学科核心素养的整体表达和具体规定，差异性表现为学科课程目标因校情和学情等不同而呈现出特殊性。

　　课程目标是课程理念的具体表现，具有总体性和差异性特征。英语学科亦是如此。英语学科课程目标的总体性表现为课程总目标和各年级目标的统一性特征，在培养学生综合语言运用能力的基础上更注重培养学生的语言能力、文化意识、思维品质和学习能力等学科核心素养。除国家统一课程目标外，英语学科目标因受校情和学情等不同因素影响而呈现出校际差异性。

　　英语课程总体目标提供目标的总体框架结构，分级目标在整体框架下按五个级别描述语言综合运用能力的表现，两者之间表现出高度的统一性。义务教育阶段英语课程总目标为：通过英语学习使学生形成初步的综合语言运用能力，促进心智发展，提高综合人文素养。综合语言能力的形成建立在语言技能、语言知识、情感态度、学习策略和文化意识等方面整体发展的基础上。① 同时，根据近几年初中英语教学改革的发展趋势和已修订的《普通高中英语课程标准（2017 年版）》可知，初中英语课程目标在培养学生综合语言运用能力的基础上更要培养学生的学科核心素养。英语学科核心素养主要包括语言能力、文化意识、思维品质和学习能力。② 这一目标的研制体现了基础教育阶段国家育人目标的总体要求，凸显了课程目标的总体性特征。例如，基于对《义务教育英语课程标准（2011 年版）》《普通高中英语课程标准（2017 年版）》和《关于全面深化课程改革　落实立德树人根本任务的意见》的研读和理解，合肥市琥珀小学研制出了"魅力英语：让每一个孩子在语言学习中快乐成长"课程。该课程目标分别从语言能力、文化意识、思维品质和学习能力四个维度制定相应的课程总目标及年级目标。因此，从宏观的目标制定上，"魅力英语：让每一个孩子在语言学习中快乐成长"校本课程与国家英语课程具有一致性和统一性。

　　从具体目标来看，校本课程是国家课程的必要补充，具有校际差异性特征。我国的校本课程是学校本土生成的，既体现各校的办学宗旨、学生的个性需求和各校的资源优势，又与国家课程、地方课程紧密结合的一种具有多样性和可选择性的课程。每一所学校都有各自的文化传统和独特的内部环

---

① 中华人民共和国教育部. 义务教育英语课程标准（2011 年版）[S]. 北京：北京师范大学出版社，2012：8.

② 中华人民共和国教育部. 普通高中英语课程标准（2017 年版）[S]. 北京：人民教育出版社，2018：4.

境，在师资水平、学校生源质量、办学条件和课程资源等方面存在差异；另一方面，为适应社会对人才多样性的需求和当代教育发展需要，学校应因地制宜，因材施教，突出办学特色。例如，作为外国语特色学校，合肥市五十中学天鹅湖教育集团蜀外校区凭借与北京外国语教育集团合作办学的优势，除了开设国家统一英语课程，还增设独具特色的校本课程"悦学英语：让英语学习充满愉悦感"，其中包括大猫分级阅读、EIM（*English in Mind*）、小语种、英语外教口语、英文电影赏析等多种特色课程。通过特色课程的实施，培养了学生学习英语的兴趣，拓展了学生的国际视野，促进学生核心素养的发展。

总之，课程目标的总体性和差异性，要求各年级目标要与国家课程目标在学科核心素养四个方面保持统一性；同时，各学校还应因地制宜开发具有本校特色的校本课程，发展学生的学科核心素养。

（撰稿人：孙小梅）

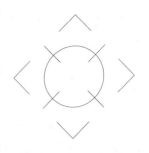

悦学英语：让英语学习充满愉悦感

　　怀大爱之心，做乐教之师；享英语之乐，育悦学之生。合肥市五十中学天鹅湖教育集团蜀外校区 22 名英语教师依托蜀山区唯一一所外国语实验中学带来的优厚条件，借力北京外国语大学的优质教育资源，充分运用蜀山区国际交流中心平台，大力发挥组内省级教坛新星、高级教师、骨干教师，集团英语名师工作室的引领作用，使教研组的力量迅速壮大，形成一个业务精良、特色鲜明的教研组。为提升学生的英语学科素养，彰显我校英语办学特色，我校依据教育部《关于全面深化课程改革　落实立德树人根本任务的意见》以及《义务教育英语课程标准（2011 年版）》等文件精神，推进英语学科课程建设，取得了显著成效。

第一部分　学科课程哲学

　　作为全球使用最广泛的语言之一，英语是连接世界各国的桥梁，在国际交往和科技、文化交流中发挥重要作用。《义务教育英语课程标准（2011 年版）》指出："义务教育阶段英语课程重点在于培养学生初步的综合语言运用能力，为培养具有创新能力和跨文化交际能力的人才提供可能，为提高国民的国际交流能力和国家的国际竞争力奠定基础。"[1]

---

[1] 中华人民共和国教育部. 义务教育英语课程标准（2011 年版）［S］. 北京师范大学出版社，2012：2.

一、学科性质观

《义务教育英语课程标准（2011年版）》指出："义务教育阶段的英语课程兼具工具性和人文性，着眼于学生的终身发展。"[①] 就工具性而言，英语课程旨在培养学生的基本英语素养和发展学生的思维能力，要求学生掌握基本的英语语言知识，发展基本的英语听、说、读、写技能，能够用英语进行简单交流，促进思维发展，为今后各方面的学习铺垫基础。从人文性出发，英语课程应当帮助学生开阔眼界，丰富体验，增强跨文化意识与爱国主义精神，提升创新能力，注重道德培养。

二、学科课程理念

依据《义务教育英语课程标准（2011年版）》，为体现合肥市五十中学天鹅湖教育集团蜀外校区的办学特色，拓宽学生的英语学习渠道，搭建学生的艺术展示舞台，分享英语教学成果，丰富校园文化生活，彰显英语办学特色，我校英语教师在不断的教学实践中，结合学生实际情况逐步提出并明确英语学科特色课程理念：悦学英语，让英语学习充满愉悦感。

（一）在愉悦的课程中学习英语知识

学生通过主动参与丰富多彩的课程，如 *English in Mind* 剑桥课程、"大猫英语"分级阅读、外教课堂等，掌握英语学习的方法和策略，学习英语的习惯表达和思维方式，感受英语的美感和学习的乐趣，培养英语学习习惯，实现自主学习，为语言的综合运用打牢基础和创造条件。

（二）在愉悦的活动中运用英语技能

学生通过积极参与趣配音、演讲比赛、手抄报、写作坊等英文实践活动，增强学习兴趣，将英语听、说、读、写的各项技能运用于实际生活中，提升创新意识和思维品质，开发潜能和展示个性，培养分析问题和解决问题的能力，建立跨文化交际意识，从而真正感受英语之美，学习英语之用。

（三）在愉悦的成长中提升综合素养

学生通过"Colorful English Wonderful Show"迎新年英语嘉年华等活

[①] 中华人民共和国教育部. 义务教育英语课程标准（2011年版）[S]. 北京师范大学出版社，2012：2.

动，积极展示和分享自身英语学习成果，将英语学习与全面发展相结合，营造浓厚的英语学习氛围。丰富多彩的英语特色活动让英语学习充满活力，进一步增强学生学英语、用英语、秀英语的兴趣，从而帮助每个孩子挖掘自己的英语学习潜力，增强自信心，在愉悦的展示中学会分享，乐于分享，培养开放包容的性格和良好的人文素养。

第二部分　学科课程目标

一、学科课程总体目标

《义务教育英语课程标准（2011年版）》指出："通过英语学习使学生形成初步的综合语言运用能力，促进心智的发展，提高综合人文素养。"[①] 新时代义务教育初中英语课程的总目标是全面贯彻党的教育方针，培育和践行社会主义核心价值观，落实立德树人根本任务，促进学生英语学科核心素养的发展，培养具有中国情怀、国际视野和跨文化沟通能力的社会主义建设者和接班人。基于课程的总目标，初中英语课程的具体目标是培养和发展学生在英语教育后应具备的语言能力、文化意识、思维品质、学习能力四项学科核心素养。通过"悦学英语"课程的学习，学生应能达到本学段英语课程标准所设定的四项学科核心素养的发展目标。

语言能力目标：了解所学的语音、词汇、语法和基本句型，具有初步的语言意识和英语语感；在常见的具体语境中恰当地运用已有语言知识，理解口头和书面语篇所表达的意义和态度，识别其恰当表意所采用的手段，学会使用口语和书面语表达意义和进行人际交流。结合实际运用，理解常用语言形式的基本结构和表意功能；学习时间、地点、方式等的表达方式；理解和运用描述人物和事件的基本表达方式。在日常生活中理解和恰当表达问候、告别、感谢、介绍等常用交际功能，实现有效沟通。熟悉与学生个人、家庭和学校生活密切相关的话题；了解风俗习惯、科学文化等方面的话题。

文化意识目标：了解英语交际中常用的体态语言，如手势、表情等；了

---

① 中华人民共和国教育部. 义务教育英语课程标准（2011年版）[S]. 北京：北京师范大学出版社，2012：8.

解、区别英语中常用的称呼习俗；了解英语国家的服饰和穿戴习俗、饮食习俗；初步了解英语国家的地理位置、气候特点、历史传统等；了解英语国家中传统的文娱和体育活动、重要的节假日及主要的庆祝方式。获得文化知识，理解文化内涵，比较中外文化异同，汲取文化精华，形成正确的价值观，坚定文化自信，形成自尊、自信、自强的良好品格，具备一定的跨文化沟通和传播中华文化的能力。

思维品质目标：在教师的指引下，学生能初步辨析语言和文化中的具体现象，梳理、概括信息，建构新概念，分析、推断信息的逻辑关系，正确评判各种思想观点，创造性地表达自己的观点，具备初步运用英语进行独立思考、创新思维的能力。

学习能力目标：树立正确的英语学习观，保持对英语学习的兴趣，具有明确的学习目标，能够多渠道获取英语学习资源，有效规划学习时间和学习任务，选择恰当的策略与方法，监控、评价、反思和调整自己的学习内容和进程，逐步提高使用英语学习其他学科知识的意识和能力。

基于对英语课程标准的研读与理解，我校确立了"悦学英语"课程的总目标：在和谐有趣的课堂教学和活动开展中，激发学生的学习兴趣，培养学生的人文素养，提高学生的语言综合运用能力。

二、学科课程年级目标

根据初中阶段英语课程的总体目标要求，依托"悦学英语"的课程理念，确立了我校系统而持续渐进的"悦学英语"英语课程体系目标。（见表2-1-1）

表2-1-1 合肥市五十中学天鹅湖教育集团蜀外校区"悦学英语"八年级课程目标表

学期	模块	基础性目标	拓展性目标
第一学期	Module 1	1. 能听懂关于英语学习的话题。 2. 能够谈论英语学习中遇到的困难并提供建议。 3. 能够用书信的方式询问并给出英语学习的建议。 4. 在学习中学会掌握好的英语学习方法，逐步把握语言的得体性。	1. 通过举办"英语单词达人"大赛，培养学生认真记单词的习惯，提高学生学习英语的兴趣。

学期	模块	基础性目标	拓展性目标
	Module 2	1. 能够用所学语言简单介绍自己的祖国和家乡。 2. 能够通过重读强调关键信息和对信息进行更正。 3. 了解英语国家的主要城市、河流等情况。 4. 培养对祖国和家乡的热爱。	
	Module 3	1. 能够用比较级对不同的体育项目进行比较。 2. 能够向同学介绍自己喜欢的体育项目。 3. 能使用时间状语对比过去与现在的情况。 4. 了解他人的体育爱好，培养对体育运动的兴趣。	
	Module 4	1. 能够使用形容词、副词的最高级形式谈论并比较旅行方式和交通工具。 2. 能够读懂有关旅游和交通工具的文章。 3. 能按类别整理单词或词组，提高学习效率。 4. 了解各地风景名胜，选择合理、安全的最佳出行方式。	2. 通过举办"英语小小书法家"大赛，培养学生认真书写的好习惯。 3. 通过大猫分级阅读七级课程，培养正确的阅读习惯，提高阅读素养。 4. 通过英文校园广播和歌曲欣赏，为学生创设英语学习环境，增强语感。 5. 通过英语手抄报比赛，激发学生学习英语的兴趣，培养团队合作精神。 6. 通过英语嘉年华活动培养学生语言运用能力和综合素质。
	Module 5	1. 能够简单描述自己的意图和计划。 2. 能够听懂有关戏剧的对话，初步了解戏剧的基本要素。 3. 能够运用阅读策略获取信息，以时间轴的形式记录事件发生的先后顺序。 4. 能够仿写介绍自己最喜欢的戏剧或电影的短文。 5. 培养学生对中国传统文化的兴趣和热爱，增强其民族自豪感。	
	Module 6	1. 能够运用不定式作宾语补足语、目的状语谈论如何保护濒危动物。 2. 能够通过多种途径获取信息，就如何保护濒危动物发表自己的观点。 3. 能够模仿课文的写作形式写一篇介绍性的短文。 4. 增强环境保护意识，提高保护动物、保护环境的自觉性。	
	Module 7	1. 能够描述过去正在进行的动作。 2. 能够读懂童话故事的大致情节，了解主要人物和事件的先后顺序。 3. 通过阅读对中英文名著的介绍，了解西方国家的文化。 4. 能够与故事中的人物共情，培养移情能力。	

学期	模块	基础性目标	拓展性目标
	Module 8	1. 能够听懂有关描述交通事故的对话，理解作者通过语篇故事所传达的信息。 2. 能够用过去进行时简单叙述交通事故。 3. 了解校园常见的突发事件及应对方式，使学生认识到注意安全的重要性。	
	Module 9	1. 能够用大数字谈论人口问题。 2. 能够结合图表介绍某一地区的人口和环境问题。 3. 培养学生的全球意识和保护环境的意识。 4. 唤起学生的忧患意识，并引发他们的思考。	
	Module 10	1. 能够掌握谈论天气情况的习惯表达方式。 2. 能够对照天气示意图谈论、描述天气情况。 3. 培养学习地理知识的愿望和兴趣。	
	Module 11	1. 能够听懂谈论某地的风俗习惯或社会行为的材料。 2. 能够读懂介绍某地风俗、社会行为的文章。 3. 能够仿写一篇介绍家乡风俗习惯的小短文。 4. 能够利用不同渠道了解不同国家的风俗习惯，增强跨文化意识，培养文化包容心。	
	Module 12	1. 能够听懂谈论安全和急救方面话题的材料。 2. 能够读懂关于意外事故及其应对措施的文字材料。 3. 了解应对突发事故的方法和措施，增强防范意识和能力。 4. 培养学生在灾难中的自我保护意识和应对能力。	
第二学期	Module 1	1. 能够运用形容词和感官动词表述物品和人物的特征。 2. 能够使用恰当的表情和肢体语言表达主观感受。 3. 了解不同民族和不同性格的人表达情感的方式。	1. 通过人猫分级阅读课程，培养学生正确的阅读习惯，提高阅读素养。 2. 通过思维导图大赛，培养学生总结和梳理语言知识的能力。 3. 通过英语校园广播和歌曲欣赏，为学生创设英语学习环境，拓展学生的文化视野。 4. 通过英语趣配音培养学生欣赏英文电影的兴趣，加强语音语调的训练，增强语感。
	Module 2	1. 能够运用现在完成时询问他人并表述个人经历。 2. 能够用现在完成时描写自己的旅行经历。 3. 了解各地不同的地理环境和风景名胜。 4. 培养学生独立意识和对祖国家乡的热爱之情。	
	Module 3	1. 能够用现在完成时谈论最近发生的事情。 2. 能够结合图片等媒介介绍人类对太空的探索。 3. 培养学生对天文知识的兴趣和对未知事物的探索精神。 4. 通过了解中国在太空探索领域取得的伟大成就，增强学生的民族意识和民族自豪感。	

学期	模块	基础性目标	拓展性目标
	Module 4	1. 能够使用现在完成时谈论病情和健康生活方式。 2. 能够针对不健康的生活习惯给出恰当的建议。 3. 能够关心自己及他人健康。 4. 能够意识到生活习惯不同的人群持有不同的健康观念。	
	Module 5	1. 能够谈论卡通片和卡通人物。 2. 能够描写自己喜欢的卡通人物和卡通故事。 3. 能够尊重他人，倾听他人的意见。 4. 通过阅读卡通故事了解不同国家的文化。	
	Module 6	1. 学习六种简单句的句型结构。 2. 能够通过询问了解同学的爱好，并能参考所学文章结构介绍同学的爱好。 3. 通过学习了解不同的爱好与历史文化方面的关系，引导学生培养良好的兴趣爱好。	
	Module 7	1. 学习并列复合句的用法。 2. 能够谈论和询问他人的计划与活动。 3. 引导学生养成做事有计划、生活有条理的习惯。 4. 通过对英语国家暑期活动安排的了解，加深对中外文化异同的认识，加强对国际文化的理解。	
	Module 8	1. 能够掌握宾语从句的用法。 2. 能够根据所给提示介绍旅游胜地。 3. 能够提高英语阅读的自觉性，增强学生的环保意识。 4. 培养学生跨文化交流意识。	
	Module 9	1. 能够相互了解个人信息，谈论对友谊的看法。 2. 能够明确自己的责任，与同学相互学习。 3. 了解西方人的交友方式及国际笔友会的情况。 4. 引导学生学会理解他人、宽容他人。	
	Module 10	1. 能够听懂含有宾语从句的对话，读懂游记类短文。 2. 能通过使用不同的形容词来描述事实或表达观点。 3. 能够利用时间轴理解事件发生的顺序。 4. 培养对神奇的大自然和人类文明的热爱之情。	

第三部分　学科课程框架

英语是基础教育阶段的必修课程。通过英语课程学习和实践活动，学生逐步掌握英语基础知识和技能，提高语言实际运用能力，提升思维能力，获得个性发展，提高人文素养。

一、学科课程结构

我校英语课程分为国家基础性课程和学校拓展性课程两部分。基础性课程主要以国家统编教材为教学媒介，严格执行国家课程方案。拓展性课程则在夯实国家课程的基础上适当进行拓展和延伸，着力满足不同年级学生的个性化学习需求。依据《义务教育英语课程标准（2011 年版）》对听、说、读、写、综合运用五个方面的语言技能的要求和我校"悦学英语"的课程理念，再结合我校教师、学生、家长的具体情况，研制的"悦学英语"课程包含了"悦耳倾听""悦读畅想""悦动交流""悦笔生花""悦秀校园"五大系列课程，以多种形式在不同年级开展实施。（见图 2 - 1 - 1）

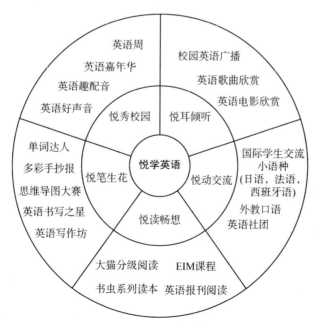

图 2 - 1 - 1　合肥市五十中学天鹅湖教育集团蜀外校区"悦学英语"课程结构图

"悦耳倾听"让学生欣赏语音之美。学生通过听校园英语广播、听英语歌曲、欣赏原版英语电影等方式，获得充分的语言输入，感受语音的美感。

"悦动交流"让学生体验沟通之趣。学生通过国际学校交流、小语种课程、外教口语课程和英语社团，与他人交流沟通，提高口语水平。

"悦读畅想"让学生体会阅读之益。学生通过阅读大猫分级阅读、EIM（*English in mind*）教材、书虫系列及英语报刊，学习丰富的英语知识，体会读书的乐趣。

"悦笔生花"让学生领会写作之道。学生通过单词达人、书写之星、英语手抄报及英语写作坊等活动，美化英语书写，提升写作能力。

"悦秀校园"让学生享受活动之乐。学生通过英语趣配音、英语好声音、英语演讲比赛、英语周、英语嘉年华等特色活动，激发学习兴趣，展示英语才艺。

以上系列课程针对学生的五大语言技能（听、说、读、写、综合运用）进行了总体规划，对国家基础性课程进行了适度的补充和拓展。

二、学科课程设置

围绕"悦学英语"课程理念，我校"悦学英语"课程设置如下。（见表2-1-2）

表2-1-2　合肥市五十中学天鹅湖教育集团蜀外校区"悦学英语"课程设置表

学段	课程	悦耳倾听	悦动交流	悦读畅想	悦笔生花	悦秀校园
七年级	第一学期	英语歌曲欣赏 英语动画欣赏	小语种（日语、法语、西班牙语） 外教口语 英语社团 国际学校交流	大猫七级 EIM（Starter） 书虫系列（入门级）	英语书写之星 多彩手抄报	英语周 英语嘉年华
	第二学期	英语歌曲欣赏 英语童话故事欣赏	小语种（日语、法语、西班牙语） 外教口语 英语社团	大猫七级 EIM（Starter） 书虫系列（入门级）	思维导图大赛	英语演讲比赛 英语趣配音

学段 \ 课程		悦耳倾听	悦动交流	悦读畅想	悦笔生花	悦秀校园
八年级	第一学期	英语故事广播 英语电影欣赏 英语演讲欣赏	英语好声音 外教口语 英语社团 国际学校交流	大猫八级 EIM Ⅰ 书虫系列（一级） 英语课文朗读会	单词达人	英语周 英语嘉年华
	第二学期	英语校园剧 英语电影欣赏	外教口语 英语社团	大猫八级 EIM Ⅰ 书虫系列（一级）	多彩手抄报	英语演讲比赛 英语情景剧
九年级	第一学期	校园英语广播 英语美文朗诵	英语演讲比赛 英语社团	书虫系列（二级） 英语报刊阅读	英语写作坊	英语周 英语嘉年华
	第二学期	英语新闻广播 英语朗诵欣赏	英语社团	书虫系列（二级） 英语报刊阅读	英语作文大赛	英语好声音（歌曲大赛）

　　"悦学英语"课程致力于为学生提供丰富多彩的语言学习课程、活动与环境，全方位、多维度地提升学生的语言综合运用能力。

第四部分　学科课程实施与评价

　　课程的实施与评价是学校对课程教学理念的落实，是教师与学生共同贯彻教学要求，也是实现教育目标的过程。高效的课程实施能够营造出和谐愉悦的学习氛围，促进学生全面发展。作为北京外国语大学国际教育特色外语实验基地学校，我校为推进英语学科课程建设，制定了以英语为主导、多语种同时开设的方案，形成"1＋X"学科课程群。"1"是指整合后的国家基础性课程；"X"是指个性化发展的拓展性课程，包括剑桥课程 *English in Mind*、大猫英语分级阅读，外教口语课程，西班牙语、日语、法语等小语种课程。

一、打造"悦学英语"课堂，推进学科课程实施

　　为了实现有效的课程实施，我校积极建构悦学课堂。通过高效的课堂活

动和合理均衡的评价机制，提高教学质量，提升课堂品质，彰显英语悦学课堂的特色。

（一） 悦学课堂的内涵与要求

悦学课堂是以学生为主体的课堂。学生积极主动地参与课堂活动，深入理解所学知识，提升语言技能，发展创新思维，培养自主学习的能力与团结合作的精神。教师起引导、帮助、联系与评价的作用，做到引而不牵，放而不纵。

悦学课堂是富有活力的课堂。教师精心备课，根据教材和学情设计合适的课堂活动；拓宽教学视野，创设鲜活的真实情境，贴近学生生活，让学生有更多思考和展示自我的空间；培养学生的逻辑思维和批判思维能力，促进其多维度发展。

悦学课堂是合作探究的课堂。学生确立清晰的共同目标、责任分工，树立团队意识，通过相互合作，共同学习和进步。研究和实践表明，合作学习能够激发学生的学习兴趣，提升学习效率和能力，有利于学生之间取长补短、增进感情。

悦学课堂是师生共同成长的课堂。教学过程永无止境，是师生共同成长的路径。教师只有不断地学习与思考，更新自己的知识储备和教育观念，改进自己的教学手段，才能适应时代发展的要求，与学生共同进步。

（二） 悦学课堂的实施

我校有一支积极学习、合作互助的优秀的英语教师团队。教师通过集体备课、教研活动、名师工作室和课题研究等多种途径提升课堂品质，打造高效的悦学课堂。充分利用课堂 45 分钟的有效时间，寓教于乐，通过丰富的课堂活动组织形式，引导学生在愉悦的氛围中学习英语。

（三） 悦学课堂的评价

悦学课堂的评价标准紧紧围绕"悦学"二字，从学习目标、学习内容、学习过程、学习方式、学习评价五个方面进行综合评价，关注学生是否在愉悦的环境中自觉自主地习得知识、提高能力、提升内涵。

学习目标具体化，清晰明确。课堂教学中，教师有意识地将教学目标精细化、具体化、清晰化，通过课堂活动与任务的设置，引导学生逐步实现学习目标。

学习内容合理化，丰富多彩。根据不同的学情，选择适合的学习内容，注重因材施教。将学习内容整合分类，渗透于多样化的课堂活动中，让学生在活动中学，在交流中学，在思考中学。

学习过程立体化，扎实有效。课堂活动设计要符合学情，更要结合课堂实际。活动必须具备明确的目标和深层的内涵，层层递进，环环相扣。课堂中，教师不仅关注学生的学习方式与态度，调整引导策略，还要及时给予学生反馈。

学习方式多样化，科学高效。学生通过自主学习、小组合作学习、班群学习等方式，在教师的引导下，实现高效学习。

学习评价多元化，关注发展。学习评价不仅注重学习效果，更注重学习过程和学生的多元化发展。学习评价不是简单的测试，而是综合考量学生一个学期的学习过程、方式以及态度。具体评价量表如下。（见表2-1-3）

表2-1-3 合肥市五十中学天鹅湖教育集团蜀外校区"悦学英语"课堂评价量表

类别	指标	评价标准	学习效果
学习目标	清晰明确	符合课程标准和学生学情	
		具有可检测性	
		具体化于各项任务和活动中	
学习内容	丰富合理	符合学生核心素养发展	
		教学内容丰富多样	
		整合学习内容，关注课堂生成	
学习过程	扎实有效	活动与任务设置合理	
		符合学习目标，指令清晰	
		学生有效完成任务与活动	
学习方式	科学高效	注重学法指导	
		鼓励多样化学习方式	
		指导运用各种学习方法	
学习评价	注重发展	学习过程的评价	
		学习态度与方式的评价	
		学生互评	

二、建设"悦学英语"特色课程，促进个性化发展

我校"悦学英语"特色课程倡导多样的实施策略和多维的评价方式，为学生提供丰富的学习体验，激发每位学生的英语学习兴趣。

（一）"悦学英语"特色课程的实施

我校设置了灵活多样的"悦学英语"特色课程，以满足不同学生的需求，包含 EIM（*English in mind*）、大猫分级阅读、外教口语和书虫系列。

我校在七、八年级开设了 EIM 课程，每班每周三节课时。本课程坚持以学生的发展为本，贴近现实生活，倡导开放合作的教学活动方式，注重培养学生的英语综合运用能力，发展人文素养和思维能力。

在七、八年级开设了大猫分级阅读课程，每班每周一节课时。2015 年，外研社引进的大猫分级读物成为教育部力推的中国中小学生英文分级阅读实验用书。王蔷、陈则航所著的《中国中小学生英语分级阅读标准（实验稿）》提出了中国中小学生英语阅读素养框架，为本课程的实施提供了理论支持。在大猫分级阅读课程中，提倡教师导读和学生自主阅读相结合，让学生体会阅读英语原版书籍的乐趣。

我校在七、八年级还开设了外教口语课程，每班每周一节课时。教材选用朗文国际英语教程 *SIDE by SIDE*。该课程以交际对话为主线，注重语言知识和交际能力的协调发展。外教结合中外教学的优点，积极创新教学方式，极大地激发了学生们的学习兴趣。

我校在三个年级都开展了书虫系列拓展阅读课程，以"解决问题式"的阅读方式挖掘文本意义和内涵，引导学生拓宽思路、建构新知，促进自身语言和思维的融合发展，形成多元文化思维。组织学生参加思维导图大赛等活动，指导学生总结和梳理知识，形成知识体系，培养学生的分析与归纳能力。

（二）悦学英语特色课程的设置

围绕"悦学英语"课程理念，我校"悦学英语"特色课程的设置如下。（见表 2-1-4）

表 2-1-4 　合肥市五十中学天鹅湖教育集团蜀外校区"悦学英语"特色课程表

学期 \ 课程		课 程 分 类			
		EIM	大猫分级阅读	外教口语	书虫系列阅读
七年级	第一学期	EIM Starter	大猫七级	SIDE by SIDE 第一册	书虫入门级
	第二学期	EIM Starter	大猫七级	SIDE by SIDE 第二册	书虫入门级
八年级	第一学期	EIM Ⅰ	大猫八级	SIDE by SIDE 第三册	书虫一级
	第二学期	EIM Ⅰ	大猫八级	SIDE by SIDE 第四册	书虫一级
九年级	第一学期				书虫二级
	第二学期				书虫二级

（三）"悦学英语"特色课程的评价

从评价内容上，学生的评价可以从学习兴趣、情感策略发展状态、相应学段所学知识和技能的掌握情况以及综合语言技能运用能力方面进行评价。从评价方法上可以采用形成性评价和终结性评价对学生的英语学习进行评价。我校根据"悦学英语"特色课程分别有针对性地制定了评价量表。

首先，EIM 课程的评价主要采用过程性评价。过程性评价的目的在于培养学生平时乐学好学的态度和习惯，让他们认真对待每一节课和每次作业。教师需要对学生的课堂参与情况和作业完成情况进行全面观察，适当记录，重点关注学生学习态度和方法的成长。对于学生的进步及时给予肯定与表扬，发现问题后要及时与学生沟通。（见表 2-1-5）

表 2-1-5 　合肥市五十中学天鹅湖教育集团蜀外校区 EIM 课程学生过程性评价表

类别	评价标准	1分	2分	3分	4分	5分
小组活动	积极参与，敢于表达，乐于与同学合作。					
课堂反馈	认真听课、积极思考、主动回答问题；阅读态度认真，乐于尝试。					
作业质量	课后作业认真完成；坚持进行阅读打卡。					

其次，大猫分级阅读课程的评价主要采用课堂随堂测和期末综合测试。随堂测由教师根据大猫阅读的内容设计不同的学案，包括问答题、表格填

写、短文写作等形式，对学生课堂学习效果进行检测。期末综合测试，由北外培训教师到校进行口头测试和阅读相关测试。最终形成学生该课程的综合评价。（见表2-1-6）

表2-1-6　合肥市五十中学天鹅湖教育集团蜀外校区大猫分级阅读课程学生评价表

类别	评价标准	较差 （0—5分）	一般 （5—10分）	较好 （10—15分）	良好 （15—20分）	优秀 （20—25分）
小组 活动	积极参与； 敢于表达。					
课堂 反馈	认真听课； 善于思考； 主动回答问题。					
课后 作业	认真完成作业； 坚持阅读打卡。					
期末 测试	测试成绩； 反思进退。					

再次，外教口语课程的评价采用综合评价。在外教口语课程中，教师需要结合学生的课堂表现，从学生的听说能力、语音语调、交流沟通、汇报和演讲等方面进行评价。（见表2-1-7）

表2-1-7　合肥市五十中学天鹅湖教育集团蜀外校区外教口语课程学生评价表

评价内容	评价标准及等级
口语表达测试： 1. 课文朗读 2. 对话交流	A档：课文朗读自然流畅，对话交流时语音、语调正确，整体错误在2个以内。 B档：课文朗读较自然流畅，对话交流时语音、语调基本正确，整体错误在3—5个。 C档：课文朗读不流畅，对话交流时语音、语调错误较多，整体错误在6—10个。 D档：课文朗读极不流畅，对话交流时语音、语调错误多，整体错误在10个以上。
语言知识技能测试： 1. 听力 2. 情景汇报 3. 演讲	A档：听力测试90分以上；情景汇报和演讲符合主题，用语准确，有新意，基本无错误。 B档：听力测试80—90分；情景汇报和演讲基本符合主题，用语较准确，有少量的错误。 C档：听力测试60—80分；情景汇报和演讲基本符合主题，用语不够准确，有较多的错误。 D档：听力测试60分以下；情景汇报和演讲偏离主题，用语不准确，有大量的错误。

最后，书虫系列阅读课程的评价采用活动性评价的方式。在书虫系列阅读中，我们通过提倡学生自主阅读，学生填写教师设计的思维导图或者分组合作绘制思维导图的方式，培养学生的文本理解能力和解决问题能力。针对学生的思维导图，采用学生互评和教师评价相结合的方式，形成最终的评价结果。

三、创办"悦学英语"节日，拓宽学生国际视野

（一）"悦学英语"节日的主要内容及实施

结合中西方文化与我校实际情况，我校每月定期开展"悦学英语"节日，为学生搭建学习和研讨的平台，帮助学生拓宽视野、提高国际意识、关注世界文化。节日安排如下。（见表2-1-8）

表2-1-8　合肥市五十中学天鹅湖教育集团蜀外校区"悦学英语"节日设置表

月份	节日	主题	活　动
三月	英语合唱节	唱响英文歌	每班选择一首英文歌曲进行合唱比赛，由英语评委和合唱评委联合进行评比。
四月	英语读书节	英文绘本阅读	每位同学于四月份每天阅读英文绘本十分钟并打卡可获得"英语阅读之星"称号。
五月	英语戏剧节	课本剧表演	各班开展课本剧表演活动，全员参与，分小组排练和展示。
六月	英语故事节	用英语讲中国故事	各班开展用英语讲好中国故事活动，推选两名同学参加校级评比。
九月	英语观影节	欣赏英文电影	各班集中到校报告厅欣赏英文电影。
十月	英语朗诵节	英文诗歌朗诵	各班在班级进行英语诗歌朗诵比赛，推选两位参加校级评比。
十一月	英语书法节	英语书法展示	各班开展英语书法比赛，将优秀作品张贴在教室外走廊上展示。
十二月	英语嘉年华	英语才艺表演	各班选出优秀的才艺展示节目，参加校级英语嘉年华汇演。

（二）"悦学英语"节日的评价

"悦学英语"节日课程实施形式丰富多样，鼓励学生在参与和实践中提高英语综合运用能力。该活动的评价量表如下。（见表2-1-9）

表2-1-9　合肥市五十中学天鹅湖教育集团蜀外校区"悦学英语"节日活动评价表

评价项目	评 价 标 准	等级		
		A	B	C
活动内容	主题内容积极向上，有价值导向作用。			
	贴近中学生生活，并能引发学生学习英语的兴趣。			
	符合中学生现有的知识水平和能力，并具有挑战性。			
活动过程	学生参与热情高涨，态度积极认真。			
	学生在活动中正确使用英语，表达自然流畅。			
	学生注重团队合作，有集体意识。			
活动效果	学生自信大方，积极展示。			
	获得学生和教师的共同认可。			

四、开展"悦学英语"社团，享受英语学习之乐

为进一步激发学生英语学习兴趣，拓展学生国际视野，我校组织开设"悦学英语"社团，坚持自主性、开放性和多样性，鼓励学生在快乐学习中提升语言综合运用能力和学科人文素养。

（一）"悦学英语"社团的建设

为了面向全体学生，适应不同学生的学习需求，我校开设了英语趣配音、英语好声音、模拟联合国等英语社团。"悦学英语"社团由学生自主报名，以走班的形式，在每周五下午第四节课进行。在社团活动开展中，学生是社团活动开展的主体，教师是组织者和引导者。

英语趣配音适合七年级学生，主要活动包括欣赏经典英文电影，选取合适的英文视频，进行配音的模仿练习，以及分组进行配音比赛和展示。其目的在于鼓励学生模仿地道语音，练习英语口语，培养学生英语表达的自信心。英语好声音适合八年级学生，鼓励学生欣赏和学唱英语经典老歌和流行歌曲，旨在通过欣赏和学唱英文歌，培养英语学习兴趣，感受英语的韵律之美。模拟联合国适合九年级学生，倡导学生就各国政策、形势、历史和文化等信息进行知识梳理和英语交流，培养学生的国际意识和社会责任感，提升学生分析问题和解决问题的能力，鼓励学生用英语思考、表达和争辩。

（二）"悦学英语"社团的评价

"悦学英语"社团在实施过程中，采用评价量表，由教师和学生双方从情感态度、语言能力、合作意识、实践能力、成果展示几个方面对学生每次在社团活动中的表现进行过程性评价，表现优秀者被评为"风采之星"，具体评价量表如下。（见表2-1-10）

表2-1-10 合肥市五十中学天鹅湖集团蜀外校区"悦学英语"社团评价表

类别	评价标准	自评 （A，B，C）	师评 （A，B，C）
情感态度	认真准备，按时出勤。		
	积极参与，主动发言。		
	乐观向上，传播正确价值观。		
语言能力	发音清晰标准，表达自然流畅。		
	用词丰富地道，逻辑合理连贯。		
合作交流	积极沟通与合作。		
	认真听取他人意见。		
实践能力	及时发现问题，准确分析问题。		
	多种方法搜集资料，快速高效解决问题。		
成果展示	符合各项任务要求。		
	展示创意，体现个性。		

五、丰富"悦学英语"活动，提升综合运用能力

丰富"悦学英语"活动，鼓励学生主动参与、亲身实践，从而丰富知识，提高技能，全面提升英语学科素养。

（一）"悦学英语"活动内容及实施

通过开设丰富有趣、形式多样的活动，让学生体会到英语学习的乐趣，在活动中实践、体验和交流。开展各类竞赛活动，如"单词达人""书写之星""演讲比赛""写作大比拼"等，激发学生兴趣，提升学习热情，探寻竞赛的乐趣。如每学期开展 Flea Market 活动，各班收集学生的闲置物品，在固定时间和地点开设摊位。学生之间用英语进行沟通和买卖活动，外教和英语

教师提供语言支持，活动结束后英语教师对各班活动情况进行记录和汇报。这些活动既能激发学生对英语学习的兴趣，又能提高学生的综合素养。每月开展不同主题的手抄报制作活动，倡导学生分组合作，展示优秀作品。

（二）"悦学英语"活动评价

"悦学英语"活动鼓励学生在活动中展示自我、增强自信，找到英语学习的乐趣。"悦学英语"活动采用发展性评价方式，依据活动方案中的目标，关注学生的主观能动性，激发积极主动的态度，注重参与过程，尊重个性发展。（见表2-1-11）

表2-1-11 合肥市五十中学天鹅湖教育集团蜀外校区"悦学英语"活动评价表

评价项目	评价标准		评价等级		
			A	B	C
活动内容		活动内容科学准确，符合活动要求。			
		活动组织有序，实现师生、生生互动。			
		贴近生活，开放包容。			
活动流程	教师	关注每个学生的特点和需求，有条理地组织活动，给予学生有效指导、积极评价和运用启发性语言。			
	学生	全员参与活动，积极与人交流，合作分享，思维活跃，善于发表观点。			
活动效果		达成活动目标。			
		能联系生活实际，有时效性和针对性。			
		情感体验充分，不同程度的学生能得到个性化发展。			

"悦学英语"课程群的建设是一个持续发展的过程。一方面可以激发学生学习英语的热情，提升英语学习的自信心，培养学生团队合作的意识；另一方面也顺应合肥市蜀山区开拓国际教育资源的大趋势。我校英语组全体教师将在学校统一组织下，以校本研修为基础，定期开展教研活动，如：集体备课、教学评比、同课异构、课例分析、经验分享、专家讲座、专业培训等，不断更新教学理念，把握教学改革新方向，为悦学课堂提供教研平台。同时，依托与北京外国语大学合作的资源优势，不断探索教学新思路，为提升课堂品质注入源源不断的动力。以"悦学课堂"为教学抓手，我校英语教

师努力开设多姿多彩的英语特色活动，让学生在活动中体会到英语学习的乐趣，激发学生学习英语的热情，提升学生的英语学科素养，彰显我校的英语办学特色。

（撰稿人：王晓梅　袁自前　杨静静　田雪　彭婷）

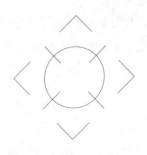

魅力英语：让每一个孩子在语言学习中快乐成长

合肥市琥珀小学英语教研组现有专任教师 8 人，均为中青年教师，是一个朝气蓬勃、锐意进取的团队。教研组认真开展各项课程教研和实践活动，积极参加各类培训，先后获得了国家级、省市区级诸多荣誉，在各类教学比赛中均有一等奖获得者。为进一步推进我校英语学科课程建设，我校英语教研组依据教育部《关于全面深化课程改革 落实立德树人根本任务的意见》以及《义务教育英语课程标准（2011 版）》等文件精神，推进英语学科课程建设，取得了显著成效。

第一部分 学科课程哲学

一、学科课程价值观

《义务教育英语课程标准（2011 年版）》中指出："义务教育阶段的英语课程具有工具性和人文性双重性质。"[1] 基于这种认识，我校英语教研组认为，基础教育阶段英语课程的价值是：英语课程的学习，既是学生通过英语学习和实践活动，逐步掌握英语知识和技能，提高语言实际运用能力的过程；又是他们磨砺意志、陶冶情操、拓展视野、丰富生活经历、开发思维能力、发展个性和提高人文素养的过程。

---

[1] 中华人民共和国教育部. 义务教育英语课程标准（2011 年版）［S］. 北京：北京师范大学出版社，2012：2.

因此，我校英语课程致力于为学生营造轻松愉悦的英语学习环境与氛围，发展学生的听、说、读、写等知识与技能，让学生在实际体验中深刻地感受到英语这门语言的独特魅力，保持英语学习的活跃性与连续性。在英语学习和实践中，使学生拓展文化视野，丰富思维方式，乐于自我管理，积极地运用和适时调整学习英语的策略，逐步培养和发展英语的核心素养。

二、学科课程理念

围绕我校"美好课程"体系，结合英语学科的学科性质，依据《义务教育英语课程标准（2011年版）》，我校英语组经过反复探究打磨，特制订了我校英语课程的核心概念——"魅力英语"。

基于此，我校英语课程建设理念为：让学生在异彩纷呈的英语世界里浸润美好的情感，感悟深邃的思想，积累丰富多彩的语言素材，让学生在润物细无声中感受人文教育；让学生在开放、个性而有底蕴的英语课堂中，提升语言素养和个人品格。其含义如下：

"魅力英语"是富有吸引力的课程。学生通过各类活动和学习，逐步感受英语语言的趣味性和实用性，体会英语独特的魅力，从被动学转变为主动学。

"魅力英语"是培养兴趣的课程。小学英语教学要符合学生年龄、喜好等特点，关注学生的情感渗入，通过组织活泼有趣的教学活动，吸引学生并激励学生来感受英语语言的魅力，进一步激发学生的学习动力和兴趣。

"魅力英语"是学习语言文化的课程。通过学习让学生掌握一定的英语基础知识和听、说、读、写技能，形成一定的综合语言运用的能力和口语交际能力；培养学生的观察、记忆、思维、想象和创新能力；帮助学生初步了解中西方文化的差异，建立全球发展意识，为他们的学习成长奠定良好的基础。

"魅力英语"是跨文化学习，培养国际视野的课程。通过对中外文化的理解和对优秀文化的认知，让学生深刻了解和充分领略不同地方的风土人情与历史文化差异，培养学生弘扬爱国主义的高尚精神，形成健康的社会主义核心世界观与价值观。

总之,"魅力英语"课程即是在语言学习中感受快乐,在活动中成长,逐步培养英语学科素养,用智慧消除文化的壁垒,用情感领悟语言的魅力。

第二部分　学科课程目标

一、学科课程总目标

《义务教育英语课程标准(2011年版)》的总目标是:"通过英语学习使学生形成初步的综合语言运用能力,促进心智发展,提高综合人文素养。"① 英语学科核心素养涵盖语言能力、文化品格、思维品质和学习能力四个维度。

基于对英语课程总目标的仔细研读和深入理解,我校"魅力英语"课程体系力求让学生在语言学习中感受英语的魅力,在活动中提高综合语言运用能力,提升核心素养,分别从语言能力、文化品格、思维品质和学习能力四个维度制定以下总目标。

(一)语言能力目标

学生在社会情境中通过听、说、读、写、看等方式,在获得语言的过程中初步形成语言意识和语感。通过"魅力英语"课程的实施和开展,学生能够进行日常生活中简单的会话交流,获取有用的信息,并能表达自我的想法。课程创设轻松活泼的学习氛围,学生能理解交流中所表达的含义,乐于运用已有的语言知识,表达自己的观点,乐意与他人进行交流,传递自己的情感态度和价值观。

(二)学习能力目标

学生在学习中采用有效的学习方法、途径、步骤、技巧和调节方式提高学习效率和能力。通过"魅力英语"课程学习使学生学会合作,学会解决问题,通过学科活动如读书卡、手抄报的制作、妙笔生花等使学生能够主动复习和归纳。社团活动丰富了学生的阅读素材和内容,提高阅读课外读物和口语交际的能力,通过英语演讲、课本剧表演等激发学习的热情和动力,保持

---

① 中华人民共和国教育部. 义务教育英语课程标准(2011年版)[S]. 北京:北京师范大学出版社,2012:2.

高效的持续性学习力。

（三）思维品质目标

在"魅力英语"课程实施过程中，我们注重培养学生思维的逻辑性、批判性和创新性。学生能辨析语言和文化中的各种现象，分类、概括、分析、推断各种逻辑关系，建立乐观、健康的品格，对国外文化保持正确的态度，理性表达自己的想法，具备初步用英语进行多元思维的能力。

（四）文化品格目标

语言有丰富的文化内涵，文化意识是指对中外文化的理解和对优秀文化的认同，培养学生国际视野的过程中表现出的文化意识、人文素质和价值取向。通过"魅力英语"课程的学习，我校英语组在不同年级采取不同方式的文化渗透学习，如各国的国旗、传统文化、特色节日、标志性建筑和代表性动物等，通过畅游文化之旅的形式让学生在基本掌握一定的文化基础上对各类文化有更深层次的认识和了解，逐步地培养了学生参与各类文化交际的意识和技巧以及爱国意识。

二、学科课程年级目标

根据英语课程标准要求，结合我校英语学科课程总目标和3—6年级的学情开设了校本课程，制定了各年级英语课程目标。这里以四年级为例，阐述年级课程目标的设计。（见表2-2-1）

表2-2-1　合肥市琥珀小学英语学科四年级课程目标表

学期	单元	基础性目标	拓展性目标
第一学期	Unit 1	1. 能简单描述教室里的常用物品等。 2. 能够听懂并发出打扫教室等指令。 3. 能听、说、认读教室里常用物品的英语单词。 4. 培养学生自觉热爱课堂学习，热爱劳动的良好品质。	1. 通过大猫分级阅读，使学生能够掌握阅读的基本方法，扩大词汇量，提高阅读能力，提升阅读兴趣。 2. 通过绘制有关节日的手抄报，使学生能够提高绘画和书写的兴趣，增长课外知识，提高综合能力。
	Unit 2	1. 学生能够听、说、认读有关学习用品的单词。 2. 能够听懂、会说、认读"有什么在书包"的句型并能在情境中运用。 3. 能够掌握字母 i 在单词中的发音。	

学期	单元	基础性目标	拓展性目标
	Unit 3	1. 学生能掌握有关形容外貌或性格特征的单词。 2. 能够听懂、会说、认读"如何询问姓名"的句型并在生活实际中运用。 3. 能够掌握字母 o 在单词里的发音。 4. 能够了解中西方国家外貌描述中的文化禁忌。	
	Unit 4	1. 学生能够听、说、认读有关家里居室物品的单词。 2. 能掌握询问物品、人物位置的句型并在真实情境中运用。 3. 掌握字母 u 的发音规则。 4. 能够主动收拾物品并摆放整齐。	3. 通过举行新年绘本故事表演，使学生能感悟阅读的趣味性和实效性，能够学有所用，学生能在真实情景和活动中感悟语言的魅力，提升实际运用能力。
	Unit 5	1. 掌握有关食物、饮料以及饮食工具的单词。 2. 能在用餐时使用正确的表达并在实际情境中运用。 3. 能够听懂并发出传递与使用餐具的一些指令。 4. 了解中西方饮食文化方面的一些知识。	
	Unit 6	1. 能够掌握家庭成员以及职业的单词。 2. 能够简单介绍自己的家庭成员。 3. 能做一些职业相关的指令动作如：Act like a . . . 4. 培养学生热爱家庭、热爱生活的美好情感。	
第二学期	Unit 1	1. 能够听、说、认读有关地点的单词。 2. 能够正确的使用指示代词。 3. 能够听懂 Let's do 中的指令用语，而且做出正确的反应。 4. 了解元音字母 a 在单词中的发音规律。 5. 培养学生的小组合作能力，增强社会公德心。	1. 通过大猫分级阅读，使学生掌握阅读的基本方法，进一步扩大词汇量，提高对文本的理解能力，感悟英语语言的语用魅力，提升思维和综合运用能力。
	Unit 2	1. 能够学会时间的正确表达。 2. 能够运用已学知识对自己的日常生活进行描述。 3. 能够学习并会做本单元的动作指令。 4. 能够珍惜时间，有时间观念。	2. 通过课本剧的表演，使学生掌握听、说、读、写综合技巧，学会在情境中运用语言。
	Unit 3	1. 能够掌握有关天气的四会单词。 2. 能够在实际的情景中运用询问天气和描述天气的句子，掌握一般疑问句的特点和回答方式。 3. 了解世界各国因地理位置不同产生的天气变化的特点。	3. 通过举行小演说家活动，使学生流利地表达个人想法，提高口语表达能力和思维能力，建立英语交流和思考的习惯。

学期	单元	基础性目标	拓展性目标
	Unit 4	1. 能够掌握农场里常见的蔬菜和动物的四会单词。 2. 能够运用 "Are they…？　How many…？" 句型认识动物和蔬菜。 3. 掌握名词复数的变化规则以及复数句子的表达和运用，掌握 be 动词的搭配使用。 4. 掌握字母组合 or 在单词中发音并根据规律拼读更多单词。	
	Unit 5	1. 掌握有关服装的单词。 2. 学习询问服装位置、颜色和所属的句型并在实际情景中运用。 3. 掌握有关穿戴服装的动作指令，并能做出相应的动作。 4. 掌握字母组合 ie 在词尾的发音规则。 5. 掌握单复数服装的正确表达。	
	Unit 6	1. 学习购买物品和描述商品的单词。 2. 学习购物时询问价格和款式的基本句型。 3. 了解我国和西方国家衣服尺码标记的不同。	

第三部分　英语学科课程框架

　　学习英语学科课程是"磨砺意志、陶冶情操、拓展视野、丰富生活经历、开发思维能力、发展个性和提高人文素养的过程"[1]，基于我校英语学科"让每一个孩子在语言学习中快乐成长"的理念，设置了我校英语学科的课程框架。"魅力英语"课程面向全体学生，根据不同层次学生的需求设置灵活丰富的教学内容，通过课程学习学生能初步形成一定的综合语言运用能力，同时培养他们具有观察、记忆、思考、想象和创造的能力，建构英语学科素养。为实现上述课程目标，特制定以下框架。

一、"魅力英语"学科课程结构

　　《义务教育英语课程标准（2011 年版）》中指出："语言技能、语言知

---

① 中华人民共和国教育部. 义务教育英语课程标准（2011 年版）[S]. 北京：北京师范大学出版社，2012：2.

识、情感态度、学习策略、文化意识五个方面共同构成英语课程总目标。"① 依据总目标，结合我校历史文化与学校课程理念以及英语学科课程理念，"魅力英语"课程分为听、说、读、写以及综合性学习五大板块，基于此我校从魅力听说、魅力品读，魅力交流、魅力实践四个方面进行课程建构，从而形成"魅力英语"课程群。课程结构图如下。（见图2-2-1）

图2-2-1　合肥市琥珀小学"魅力英语"课程结构图

具体表述如下：

（一）魅力听说

通过各种媒体手段，培养学生良好的听读习惯。模仿语音、语调，是学生说出纯正英语的基础，能激发学习的兴趣，侧重学生听说的训练。内容主要包括观看迪士尼英语动画、歌谣、儿歌、 BBC news 等活动。

（二）魅力品读

通过各种类型文本和绘本的阅读，扩大学生现有词汇量的同时，培养他们对文本内容的理解和自我想法的表达，并能运用一定的学习策略，小组合作探讨、分析和解决问题。欣赏阅读素材时，学生有自己的观点看法，能初

---

① 中华人民共和国教育部. 义务教育英语课程标准（2011年版）[S]. 北京：北京师范大学出版社，2012：2.

步领悟作者要表达的含义，从中获得一些有益启示。内容主要包括快乐阅读、自然拼读、精彩趣配等活动。

（三）魅力交流

通过设置一些形式多样的活动课和丰富多彩的比赛，师生、生生之间进行交流、互动和分享，侧重学生口语表达能力的训练，引导他们针对不同交流对象和情况，学会文明得体地交流，在向别人陈述观点时要做到自信、清晰、连贯、不偏离主题，使用恰当的表情和语气，增强语言的感染力和说服力。内容主要包括故事表演、外教面对面、英语角等活动。

（四）魅力实践

通过各种动手动脑和社会实践活动培养学生多方位观察生活，发现多姿多彩的生活，形成自己的感受和认识，鼓励有创意的认知，在实践中学会素材的搜集和整理来提高写作的能力。通过课程活动，如：制作读书卡、制作手抄报、参与社会实践活动等来培养学生语言的综合运用能力，整合和提高学生的听说读写技巧，使得书本知识和日常生活实践能够紧密地结合起来。

二、学科课程设置

基于"让每一个孩子在语言学习中快乐成长"的理念，我校的英语课程设置根据不同年级段开设不同的课程，符合不同年龄层次的学习需求，充分体现灵活性、趣味性、多样性和实际性的特点。我校"魅力英语"课程设置如下所示。（见表2-2-2）

表2-2-2 合肥市琥珀小学"魅力英语"学科拓展课程设置表

学段	课程	魅力听说	魅力品读	魅力交际	魅力实践
三年级	第一学期	磨耳趣听（韵律诗、歌谣）	丽声拼读	我演我秀	字母闯关
	第二学期	磨耳趣听（韵律诗、歌谣）	丽声拼读	最佳拍档（故事表演）	歌声嘹亮（儿歌比赛）
四年级	第一学期	听声辨意（大猫分级阅读）	书声琅琅（阅读分级书）	我型我秀（绘本表演）	绘声绘影（手抄报读书卡）
	第二学期	听声辨意（大猫分级阅读）	书声琅琅（阅读分级书）	我是小演员（课本剧表演）	小演说家（故事演讲）

学段＼课程		魅力听说	魅力品读	魅力交际	魅力实践
五年级	第一学期	妙音魔句（迪士尼经典动画）	童声童趣（英语趣配音）	妙语连珠（讲故事）	畅游文化（节日文化）
	第二学期	妙音魔句（迪士尼经典动画）	童声童趣（英语趣配音）	妙语连珠（英语演讲）	畅游文化（父亲节母亲节）
六年级	第一学期	魔力影音（听经典电影）	书声琅琅（大猫分级阅读）	思如泉涌（英语角）	魅力之声（小小写作家）
	第二学期	魔力影音（听经典电影）	书声琅琅（大猫分级阅读）	思如泉涌（外教面对面）	精彩微剧（舞台剧、课本剧）

第四部分　学科课程实施

基于"魅力英语"课程理念，英语学科通过构建"魅力课堂"、举办"魅力英语节"、建立"魅力社团"、开展"魅力实践"活动等多种路径推进课程实施。依据学情，由浅入深，分年级、分学期实施。

一、落实"魅力课堂"，夯实英语学习基础

"魅力课堂"改变传统教学模式，用富有时代魅力的新型课堂教学活动，充分调动广大学生在课堂中自主学习的积极性和人际互动性，让课堂教学充满魅力，散发强烈的知识性和趣味性，将"要我学"知识转化而成为"我要学"，从而构建高效、和谐、活力、有趣的课堂。

我校从三年级开设英语课，选取人教（PEP）2011课标版三年级起点（吴欣主编）作为学习教材。根据学生的实际水平和发展需要，以激发学生的兴趣为原则，结合我校历史文化、学校课程理念、英语学科课程理念和教师自身教学实践，设计多元化的教学方法和多样的评价方案，体现灵活适用的特征，突出学生个体，尊重个体差异，鼓励体验参与，注重学生在参与过程中的评价，促进学生全方位发展，让学生体会语言学习的快乐和魅力。

通过"魅力课堂"的建构，进一步夯实了学生的英语学习基础，每位学生在课堂学习中习得语言，习得运用，打牢听、说、读、写、用的基础

能力。

二、举办"魅力英语节"，乐享英语之趣

新课标明确强调，学生在学习中具有主导性，因此在教学中如何培养学生的自我意识和学习兴趣也就变得特别重要。基于此，"魅力英语节"通过开展丰富多彩、形式多样的英语教育文化活动，让全体学生都能够参与其中，在乐中学，在乐中思，学生学习英语的兴趣自然而然地大大增强了，核心素养也稳固地培养起来了。

英语课程以"享受英语魅力"为理念，结合学生的实际情况，开展了歌曲比赛、书法艺术、课本剧表演、手抄报比赛、与外教面对面等活动。多种多样的活动不仅提高了学生的语言技能，巩固了学生的英语语言知识，而且提高了学生的语言思维，将课本上的基础知识有效地运用于我们的生活实际，促进了学生的全面发展。具体课程的设立与实施如下。（见表2-2-3）

表2-2-3　合肥市琥珀小学"魅力英语节"课程的设立与实施

课程名称	课程内容	组织实施
歌曲比赛	以课本歌谣和经典英语歌曲为主要内容。	1. 课堂进行小组歌谣比赛。 2. 每学年一次歌曲比赛，以学生报名为主，教师推荐为辅，统一时间地点进行比赛。
书法艺术	开展书法比赛，规范书写字母、单词和语句。	纸张由学校统一筹备，统一四线格模板书写，全员参与，各班推选优秀作品进行校内展示。
课本剧表演	以课文故事为主要内容，或选用优秀英语剧，由学生自导自演，教师辅导。	1. 教师挖掘教学资源，每单元的 story time 由学生自由组合分组表演。 2. 每学年举行一次"迎新年"或"迎六一"课本剧表演。
手抄报比赛	以中国传统节日或西方重要节日为载体，手绘有关节日的手抄报。	每逢节日进行该节日的手抄报评比活动，学校组织特定的老师进行评审，并在校内展示。
与外教面对面	以感受纯正英语，敢于用英语交流为主要内容。	邀请周边高校或著名辅导机构的外教来校送课，让学生体验不一样的英语学习。

三、建立"魅力社团"，享受英语学习的快乐

基于我校英语学科"让每一个孩子在语言学习中快乐成长"的理念，为

满足不同学生的英语学习需求，丰富学生的课余生活，提升外语学习的兴趣，英语学科组开设了"魅力社团"，以学生自主选择喜欢的社团为主体，以教师认真组织，用心备课为手段，学校提供强有力的制度和经费支撑，充分体现学生的主体性。开设的多样社团，作为学校课堂教育的外延，发挥着重要的作用。这不仅可以充分发挥学生的个性风采，培养学生的行为和自我管理技巧，还有利于塑造学生完善的人格。

提升"魅力社团"的品质是我校一直追求的目标，在学科组成员的共同商议下，在学校领导的大力支持下，学校特创办了樱花日语社、魅力西语社、精彩趣配社、快乐阅读社等社团。各社团根据年级段开设，每个社团各有特色，呈现一派百花齐放、生机勃勃的繁荣景象。

樱花日语社，充分利用校外资源，特邀请周边大学小语种教师来校授课。通过对日语国家的风土人情，语言发展和基础语言结构的学习，学生在轻松愉悦的氛围中对日语有初步的感受，并能进行简单的日常问候和对话。同时，其东方文化意识和综合素养也有一定的提升。

魅力西语社，以《西班牙语快乐学》为教材，通过西班牙语的学习，学生能够了解西班牙语言，了解该国家的风土人情，学习西语的基本构成和基础对话知识，在轻松愉悦的环境中建立对西语的初步感受，并能进行简单的日常问候和对话。社团努力培养学生跨文化意识，培养具有世界眼光的国际人才。

精彩趣配社，以"趣配音"为载体，通过观看、模仿、配音等方式进行英语学习，内容涉及生动的迪士尼动画、精彩的动物世界等，培养学生的语音、语调、语感，树立英语学习的自信心。

魅力阅读社，以低年级的英语绘本阅读和高年级的阅读理解分析形式呈现，侧重对阅读方法的指导，培养学生找关键词进行阅读的意识，引导学生根据自己的发展需要制定对应的课外阅读计划、挑选合适的课外阅读书籍，提高学生的语篇阅读能力，鼓励并激发学生主动阅读更多的英文绘本和报刊。通过形式多样、丰富多彩的读书活动，如：绘本演一演、读书交流会等，增强学生的学习自信心和学习成就感，培养学生对于各类书籍的深切热爱，提高他们的综合思想文化素质。

四、开展"魅力实践"活动，践行学以致用

在开展英语实践活动的过程中，教师不但要密切关注学生的知识、技巧和能力的培养，还要关注他们的思想、情感及道德品格的培育和养成，使他们能全面、和谐、健康有序地成长。

我们开展了丰富多彩的英语实践活动，使学生可以直面异彩纷呈的人生和场景，去感受丰富的英语世界，让学生在英语的学习中发现自己、体验快乐、放飞心灵。为了能使学生充分发挥主观能动性，并在自己感兴趣的活动中创造个性自我，我校开展了不同主题的"魅力实践"活动，具体内容如下：

英语角——英语交流的平台。通过英语角这个活动载体，鼓励学生开口说英语、用英语的习惯，提供相互交流的平台。

活动实施：根据年级段知识结构的不同，设置不同的交流话题，如家庭、朋友、动物等，大家通过陈述、问答、猜谜等多种形式进行沟通。

英语课本剧比赛——在表演中寻找英语的魅力。英语课本剧表演能够培养学生的口语表达能力和舞台表演能力，提高学生的综合语言素质，增强学习兴趣和语感。

活动实施：三至六年级学生（每班推荐两组，组合最多不超过 5 人），赛前在班内表演，学生公开投票评选，选出最佳作品参与学校的剧本比赛。课本剧的选材要寓意深刻，富有正能量，能反映学生积极向上、健康活泼的精神风貌。

英语手抄报——在实践中获取英语的魅力。英语手抄报集绘画、英语图片书写、材料搜集于一体，体现了多学科的整合，展现了学生综合运用英语的能力。

活动实施：在中西方文化中的重要节日如五一劳动节、国庆节等节日开展文化活动，比较中西方文化，挑选优秀作品进行张贴展览，并颁发奖状给予鼓励。

"魅力实践"这些活动的开展更好地营造了学生英语学习的氛围，掀起了持续性英语学习的热潮，学生在综合语言能力上有很大的提高，同时在相互交流和展示中感受了成功、体验到了快乐，切实将英语说在口中，记在心中，用在实践中，做到了活学活用，学以致用。

（撰稿人：江萍　戴超　王婧　刘文娟　曾雯雯）

第三章

学科课程结构：结构的规定性与建构的灵活性

　　基于学科核心素养的内在要求和学科课程目标的具体导引，建构学科课程结构，这是课程设计的一个关键环节。学科课程结构是严格规定和灵活建构的有机统一，其中结构的规定性是课程标准对学科课程结构的规约，建构的灵活性是学科课程理念对这一规约的突破和灵活应用。

课程结构是指课程各部分的组织和配合，它为实现课程目标服务，是课程的重要组成部分。课程结构有宏观、中观和微观三个层次。宏观的课程结构是指学校的类别结构；中观的课程结构是指课程的科类结构；微观的课程结构是指各科目内或活动内的结构。从课程的主管权力单位来看，课程的结构还可分为国家课程、地方课程和校本课程。从课程结构所包含的具体内容来看，还可分为必修课程、选修课程以及活动课程。

英语学科课程标准是英语学科课程设置的参照和依据。《义务教育英语课程标准（2011 年版）》在课程设计思路的板块中提出：在义务教育阶段从三年级开设英语课程，课时安排尽量体现短时高频的原则。同时又由于我国地域辽阔、民族众多、经济和教育发展不平衡等实际情况，各地方可根据师资条件、资源配置等情况，制定本地区的课程实施方案，确定小学开设英语的起始年级及小学和初中毕业时应达到的级别要求，特别是小学英语课程的开设，要充分考虑师资力量的配备和教学条件等要素。① 基于此，合肥市华府骏苑小学和合肥市香樟雅苑小学在认真落实国家课程的基础上，结合各自学校英语教学实际情况，深入学习《义务教育英语课程标准（2011 年版）》，确定英语课程分级目标，明确了小学阶段英语教学的任务、目的和要求。他们系统研读了三至六年级小学英语教材，准确地把握了教学内容、教学目标和教学方法，积极落实国家课程，体现了学科课程结构的规定性。同时，他们又结合各自学校的具体情况，落实英语学科核心素养，基于既有的校本课程，合肥市华府骏苑小学和合肥市香樟雅苑小学分别开发了适合本校三至六年级的英语校本课程："ENJOY 英语"课程和 WARM English 课程。

合肥市华府骏苑小学的"ENJOY 英语"课程从听、说、读、写、综合运用和文化探究与实践出发，从勤听说、悦读写、乐交际三个板块进行了课程结构的设置。从三年级到六年级分别分第一、第二学期进行了具体的学科设置安排，开展了富有活力、童真、快乐的英语课堂活动。"ENJOY 英语"课程依据学科课程理念，结合学校现状和师生特点，从五个方面进行设计、实施与评价，即"ENJOY 课堂""ENJOY 学习法""ENJOY 英语节""ENJOY

---

① 中华人民共和国教育部. 义务教育英语课程标准（2011 年版）［S］. 北京：北京师范大学出版社，2012：6.

英语社团""ENJOY英语之旅"。 ENJOY英语课程培养了学生听、说、读、写的综合语言运用能力，彰显了英语的趣味性、人文性、工具性和实用性。合肥市香樟雅苑小学的教育哲学是"香雅教育"，将"向着阳光生长"作为学校的课程理念，努力做到让学生成长得更自然、更科学、更阳光，基于此，该校英语教研组提出以WARM English为核心的英语学科课程理念，开发了以"Warm Listening""Warm Speaking""Warm Reading""Warm Writing""Warm Sightseeing"五个类别的WARM English英语课程。 WARM English引导学生快乐学英语、主动学英语，采用丰富多样的教学内容、灵活有趣的教学方式、多元有效的评价手段，让学生充分感受英语课堂的温暖和英语学习的魅力。"ENJOY英语"课程和WARM English课程是对国家课程的有益补充和生动拓展，体现了课程建构过程中的灵活性。

（撰稿人：龚黎明）

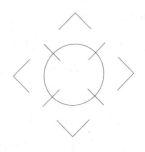

ENJOY 英语：享受英语学习的快乐

合肥市华府骏苑小学现有 6 位英语教师。其中安徽省教坛新星 1 人，合肥市骨干教师 4 人。近年来，多位教师执教的课例荣获国家、省、市级奖项，体现了我校英语教研组优秀团队的强大实力。在平时的教学工作中形成了"团结向上、积极奋进、学思结合"的教研氛围，老师们优秀的学习品质和严谨的工作风格为我校英语课程开发提供了有利的保障。为进一步落实学生英语学科核心素养，我校依据教育部《关于全面深化课程改革 落实立德树人根本任务的意见》及《义务教育英语课程标准（2011 年版）》，推进英语学科课程建设，取得了显著成效。

第一部分 学科课程哲学

一、学科课程价值观

《义务教育英语课程标准（2011 年版）》指出："英语具有工具性和人文性双重性质。就工具性而言，英语课程承担着培养学生基本英语素养和发展学生思维能力的任务，学生通过英语课程掌握基本的英语语言知识，发展基本的英语听、说、读、写技能，初步形成用英语与他人交流的能力，进一步促进思维能力的发展，为今后继续学习英语和用英语学习其他相关科学文化知识奠定基础。就人文性而言，英语课程承担着提高学生综合人文素养的任务，即通过学习英语课程能够开阔视野，丰富生活经历，形成跨文化意识，增强爱国主义精神，发展创新能力，形成良好的品格和正确的人生观和价值观。"①

小学英语核心素养包括语言能力、思维品质、文化品格和学习能力四个维度。语言能力就是用语言做事的能力，涉及语言知识、语言意识、语感、语言技能、交际策略等等。思维品质是思考辨析能力，包括分析、推理、判断、表达、用英语进行多元思维等活动。文化意识重点在于理解各国文化内涵，比较异同，汲取精华，尊重差异等方面。学习能力主要包括元认知策略、认知策略、交际策略和情感策略。

英语作为目前全球使用最广泛的语言之一，成为了国际交往和文化科技交流的重要工具，成为了中国了解世界和世界了解中国的主要工具。为此，学生必须掌握一定的英语基础知识和基本技能，形成跨文化交际能力，才能更好、更快地适应多元化、全球化的社会发展。

二、学科课程理念

基于英语学科的特点，结合《义务教育英语课程标准（2011年版）》中指出的"发展学生的语言能力、思维能力"，以及学生爱思考、敢表达、乐探究的特点，我校培养出华府骏苑小学学子勤学好问、乐学善思的品质，同时更希望学生能够学有所乐、学有所获、学以致用。我校英语组在英语学科课程的教学实践中，确定了"ENJOY英语"的学科课程哲学。基于此，我校英语组提出了学科课程理念：享受英语学习的快乐。我校期待计儿童沉浸在富有童趣的英语学习中，享受英语学习的快乐。

——Energetic，活力的，"ENJOY英语"富有活力。我校通过丰富多彩的课程形式，如：争分夺秒、最佳拍档、头脑风暴等为学生提供丰富多彩的活动，师生的生命力在课堂教学中得到有效绽放。

——Naive，童真的，"ENJOY英语"体现童真。从儿童的视角，教师根据学生学习需要和兴趣，以学生为本，以习得为先，优化课堂教学方法，让学习真实地在课堂发生。教师开发好课程资源，运用多种教育资源和教学手段，拓展学生学习英语和运用英语的渠道，如：将童声童唱、童趣美文等融

---

① 中华人民共和国教育部. 义务教育英语课程标准（2011年版）[S]. 北京：北京师范大学出版社，2012：2.

入课堂，让课堂更加多姿多彩，富有童趣。

——Joyful，快乐的，"ENJOY 英语"充满乐趣。采用悦耳动听的音乐、生动活泼的图片、妙趣横生的游戏、直观形象的动画视频等手段，在听、说、读、写、玩、演、做、唱、视听中激发兴趣，丰富语言，开阔视野，增长知识，发展智力和塑造性格，体验英语学习带来的乐趣，如：快乐拼读、快乐闯关等课程。

总之，"ENJOY 英语"通过教师资源联动和师生有效互动创造富有活力、激发童真、充满快乐的英语课堂，让学生在动静结合的课堂体验中落实教学目标、内化语言，培养学生积极主动、乐观自信、童真快乐的优秀品质，让师生活起来、乐起来。

第二部分　学科课程目标

一、学科课程总体目标

《义务教育英语课程标准（2011 年版）》指出，义务教育阶段英语课程的总体目标是："培养学生初步的综合语言运用能力，并通过英语学习促进学生的心智发展，提高学生的综合人文素养。"[1] 依据《义务教育英语课程标准（2011 年版）》，将"ENJOY 英语"课程总目标分为：语言能力、思维品质、学习能力和文化品格。

（一）语言能力

语言知识是语言运用能力的重要组成部分，是发展语言技能的重要基础。学生在义务教育阶段需要学习和掌握的英语语言基础知识包括语音、词汇、语法以及表达话题和功能的语言形式。

就语音部分而言，学生应知晓正确发音在交际中的重要性；知道字母名称的字母音和基本发音；了解简单的字母组合的拼读规律；了解连读、重读、停顿等语音朗读技巧，在日常会话中也可通过语音、语调的区别表达不同的说话意图和态度。单词部分：了解单词是由字母构成的，单词有重音；

---

① 中华人民共和国教育部. 义务教育英语课程标准（2011 年版）[S]. 北京：北京师范大学出版社，2012：2.

知晓要从音、形、义等方面来学习单词；能初步掌握学习 600—700 个单词和 50 个左右的习惯用语。语法知识方面，知道名词有单复数变化形式；知道主要人称代词的使用区别；知道动词在不同情况下会因为人称和时态的不同发生形式上的变化；了解表示时间、地点和方位的介词使用。了解英语简单句的基本形式和表意功能；了解问候、告别、感谢、邀请、致歉、介绍、建议、请求等交际功能的基本表达形式；能理解和表达有关下列话题的简单信息：数字、颜色、时间、天气、食品、服装、职业、玩具、动植物、身体、个人情况、家庭、学校、朋友、文体活动、节日等。

语言技能是语言运用能力的重要组成部分，主要可细化为听、说、读、写等方面的技能以及这些技能的综合运用。其中，听和读是学生的内在输入过程，重在理解；说和写是外在输出的过程，凸显表达。通过课程的实施和开展，在专项和综合性的语言实践活动的帮助下，不断加强学生听、说、读、写方面的技能学习和综合运用，逐步实现语言知识的内化。

听：能听懂常用指令和要求并做出适当反应；能听懂课堂活动中简单的提问；能在图片、图像、手势的帮助下，听懂简单的话语或录音材料；能听懂简单的配图小故事。

说：能在口头表达中做到发音清楚、语调基本达意；能就所熟悉的生活话题或身边事物进行简短对话，实现基本交际意图；能运用一些最常用的日常套语（如问候、告别、致谢、致歉、邀请、建议等）；能在图片、图像和教师的帮助下讲述和表演简单的小故事和小短剧。

读：能认读所学词语；能根据拼读的规律，读出简单的单词；能读懂教材中简短的要求或指令；能读懂贺卡、海报或公示栏等表达的简单信息；能借助图片尝试预测语篇大意；通过阅读，掌握语篇大意，读懂简单的故事或小短文；能正确朗读所学故事或短文，并养成按意群阅读的习惯。

写：能基本正确地使用大小写字母和标点符号；能写出简单的问候语；能根据要求为图片、实物等写出简短的标题或描述；能模仿范例写句子，正确、完整地表达自己的想法。

看：能看懂程度适当的英语动画片和英语教学节目。

（二）思维品质

思维品质反映思维的个性特征，具体表现为思维的深刻性、灵活性、创造性、批判性、敏捷性和系统性。优秀的思维品质会让学生在英语学习的道路上事半功倍。在课程实施和活动开展中，要不断激发并强化学生的学习兴趣，引导他们逐渐将兴趣转化为稳定的学习动机。通过课程中"ENJOY 课堂""ENJOY 英语节""ENJOY 社团"等实施途径，让学生在不断地参与和经历中探究英语学习的乐趣，获得学习的成就感，更好地培养学生的自信心，为后期的英语学习奠定情感基础。

（三）学习能力

学习策略指学生为了有效地学习和使用英语而采取的各种行动和步骤以及指导这些行动和步骤的信念。在英语教学中，教师要有意识地帮助学生形成适合自己的学习策略，并不断调整自己的学习策略。在"ENJOY 英语"课程实施中，通过丰富多样的课程设置，让学生在循序渐进的浸润式教学中习得各种学习策略。"快乐闯关""最佳拍档""争分夺秒"等课程有意识地让学生在参与的过程中培养与他人积极合作，共同完成任务的意识；"环球影城""妙笔生画"等课程旨在培养学生在遇到问题时能主动向老师或同学请教；"趣配音""小小演说家"鼓励学生大胆用英语交流和表达自己；"故事列车""原著欣赏"吸引学生尝试阅读课外英语读物和故事。

（四）文化品格

语言有丰富的文化内涵。作为一种符号，它承载着不同国家的风土人情、传统习俗、生活、文化、艺术、价值观念等方方面面的内容。通过"ENJOY 英语"的学习，学生掌握最简单的日常交际用语，对一般的赞扬、请求等做出适当的反应，了解英语国家的饮食文化，了解主要英语国家的首都、国旗和标志性的建筑，了解英语国家和我国交通规则的区别，了解英语国家中重要的节假日和国际上最重要的文娱和体育活动。在学习英语的过程中，通过接触了解外国文化，让学生更好地理解和使用英语，加深学生对中华民族优秀传统文化的认识与热爱，在培养国际意识的同时提升学生的民族自豪感。

二、学科课程年级目标

依据英语课程总体目标，依托"ENJOY 英语"课程理念，确立我校系统、持续的英语课程体系目标，逐步实现语言综合运用能力的总目标。我校确立了年级的课程目标。这里，以五年级为例，阐述年级课程目标的设计。
（见表3-1-1）

表3-1-1 合肥市华府骏苑小学"ENJOY英语"学科五年级课程目标表

学期	单元	基础性目标	拓展性目标
第一学期	Unit 1	1. 能够听、说、读、写描写人物的单词和句型。 2. 能够在情景中运用句型询问并回答某人的性格或外貌特征。 3. 培养学生主动用英语交际的习惯，树立正确的审美观，不以貌取人。	1. 通过开展"故事列车"活动，引导学生会读会说关于人物性格特征的交际用语，感受到与同伴分享英语口语的乐趣，树立学生英语口语交流的习惯和意识，热爱口语表达，逐渐形成英语综合表达的能力。 2. 通过开展"童趣美文"活动，激发学生的兴趣和表演热情，帮助学生了解世界和中西方文化的差异，拓展视野，帮助学生树立信心，培养学生的英语语感。 3. 通过开展"争分夺秒"活动，培养学生间相互合作进取的精神，引导学生学会与人交往，能够主动将学到的英语语言知识运用到日常生活中去。
	Unit 2	1. 能够听、说、读、写有关星期的单词和周末生活的单词和词组。 2. 能够在情境中运用句型询问和回答某人的日常课程安排和周末生活。 3. 引导学生学会合理利用周末，加强体育锻炼，做到有张有弛，劳逸结合。	
	Unit 3	1. 能够听、说、读、写食品饮料类单词和词组。 2. 能够在情境中运用句型询问并回答最喜欢的食物和饮品。 3. 能够了解中西方饮食方面的差异，并能够保持健康的饮食习惯。	
	Unit 4	1. 能够听、说、读、写课余文化活动的单词和词组。 2. 能够在情境中运用句型询问并回答某人能否做某事。 3. 能够积极参与文娱活动，丰富课余生活。	
	Unit 5	1. 能够听、说、读、写家居物品类的单词和词组。 2. 能够在情景中运用句型描述某处有某物。 3. 能够养成及时整理个人物品的习惯。	
	Unit 6	1. 能够听、说、读、写介绍大自然、公园的单词和词组。 2. 能够在情境中运用句型询问并回答某处是否有某物。 3. 能够了解一些环保常识，亲近自然，热爱自然。	

学期	单元	基础性目标	拓展性目标
第二学期	Unit 1	1. 能够听、说、读、写有关日常作息活动的词组。 2. 能够在语境中正确描述一天中不同时间段学习和生活起居情况，以及正确描述日常活动与周末安排。 3. 能够合理地安排日常学习和周末活动。	1. 通过开展"趣配音"活动，培养学生学习英语的兴趣。通过此活动，让学生学习了解世界各国不同的风土人情，培养学生跨文化交流意识。 2. 通过开展"图文表意"活动，让学生能够在情境中进行真实交际，能够在积极思考、解决问题的过程中学习语言，以解决问题的愉悦来激发学习热情。 3. 通过开展"节日嘉年华"活动，让学生了解中外共有或特有的节日和风俗，体验文化差异。
	Unit 2	1. 能够听、说、读、写关于季节的单词和四季里典型的活动。 2. 能够运用句型询问他人最喜爱的季节以及交流喜爱的原因，并在此基础上培养学生的语言交际能力和用英语表达个人情感的能力。 3. 引导学生注重小组合作学习，培养沟通和交流的能力。	
	Unit 3	1. 能够听、说、读、写 12 个月份单词。 2. 能够运用句型询问他人节假日的活动，并在此基础上培养学生的语言交际能力。 3. 能够了解中西方节日文化的差异。	
	Unit 4	1. 能够听、说、读、写序数词。 2. 能够运用句型询问他人的生日及节日，让学生了解中西方共有的或特有的节日和风俗，培养学生跨文化交际的意识。 3. 能够体会并表达自己喜欢的中外节日。	
	Unit 5	1. 能够听、说、读、写名词性物主代词和动词的现在分词形式。 2. 能够在情境中正确询问和回答某物属于某人。 3. 培养学生热爱动物的意识。	
	Unit 6	1. 能够听、说、读、写动词的现在分词形式。 2. 能够在情景中运用句型询问并回答某人是否正在做某事。 3. 能够注意遵守行为规范和校规，培养学生的规则意识。	

第三部分 学科课程框架

我校在开设"ENJOY 英语"课程时，结合学生的年龄特点出发和教材内容，在三、四、五、六年级共开设 24 门课程。

一、学科课程结构

《义务教育英语课程标准（2011年版）》指出：英语课程的学习，即是学生通过英语学习的实践活动，逐步掌握英语知识和技能，提高语言实际运用能力的过程；也是他们磨砺意志、陶冶情操、拓展视野、丰富生活经历、开发思维能力和提高人文素养的过程。① 我校英语课程从听、说、读、写、综合应用和文化探究与实践出发，分为勤听说、悦读写和乐交际三个板块进行构建，制定"ENJOY英语"课程结构图。（见图3-1-1）

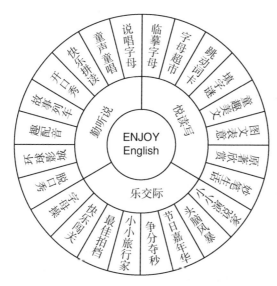

图3-1-1　合肥市华府骏苑小学"ENJOY英语"课程结构图

二、学科课程设置

通过对课程的重新梳理，我校对英语校本课程再次进行了系统、科学的开发。教师通过创设快乐、轻松、和谐的学习气氛，利用听、说、读、写、看、玩、演、视、听做等教学手段对学生进行浸润式教学，绘制了具体课程设置表。（见表3-1-2）

---

① 中华人民共和国教育部. 义务教育英语课程标准（2011年版）[S]. 北京：北京师范大学出版社，2012：2.

表 3 - 1 - 2　合肥市华府骏苑小学"ENJOY 英语"学科课程设置表

学段	课程	勤听说	悦读写	乐交际
三年级	第一学期	说唱字母	临摹字母	字母操
	第二学期	童声童唱	字母超市	快乐闯关
四年级	第一学期	快乐拼读	跳动词卡	最佳拍档
	第二学期	开口秀	填字谜	小小旅行家
五年级	第一学期	故事列车	童趣美文	争分夺秒
	第二学期	趣配音	图文表意	节日嘉年华
六年级	第一学期	环球影城	原著欣赏	头脑风暴
	第二学期	脱口秀	妙笔生画	小小演说家

第四部分　学科课程实施

《义务教育英语课程标准（2011 年版）》指出：义务教育阶段英语课程的主要目的是为学生发展综合语言运用能力打基础，为他们继续学习英语和未来发展创造有利条件。为此，我校开展了富有活力、童真、快乐的英语课堂，培养了学生听、说、读、写的语言综合运用能力，彰显了英语的趣味性、人文性、工具性和实用性的原则。[①] "ENJOY 英语"课程依据学科课程理念、课程目标、课程设置，结合学校现状和师生特点，从五个方面设计、实施与评价，即"ENJOY 课堂""ENJOY 学习法""ENJOY 英语节""ENJOY 英语社团""ENJOY 英语之旅"。

一、建构"ENJOY 课堂"，提升英语课程实施品质

"ENJOY 课堂"把激发和培养学生学习英语的兴趣放在首位，让学生在丰富多彩的课堂活动中积极思考、提高兴趣、增长知识、开阔视野。

"ENJOY 课堂"中，教学活动是丰富多样的，方法是多样的。教师充分运用教学资源，将游戏、歌曲、歌谣、绕口令等有趣的活动融于课堂教学环

---

① 中华人民共和国教育部. 义务教育英语课程标准（2011 年版）[S]. 北京：北京师范大学出版社，2012：2.

节中，丰富课程内容，如争分夺秒、童声童唱、头脑风暴，让学生能够积极地参与到课堂学习中去，让课堂充满生机与活力。

"ENJOY 课堂"中，教学主体是活泼的。教师在课堂上尊重儿童的主体地位，创造性地开发使用课程，如：字母超市、跳动词卡、童趣美文，关注他们学习过程中的学习能力、情感态度和文化意识，鼓励学生自由充分地表达。

"ENJOY 课堂"中，教学氛围是轻松的。教师结合儿童年龄特点和教材内容，通过一些娱乐性强的游戏，如快乐闯关、最佳拍档，让学生在轻松愉悦的活动过程中学习、巩固所学知识。

"ENJOY 课堂"中，教学效果是有效的。教师在课堂上要关注不同层次的学生都能完成预期的学习目标，学生通过融洽愉悦的课堂互动，得到丰富的知识，形成一定的技能，体验到成功和快乐。

二、提倡"ENJOY 学习法"，培养良好的英语学习习惯

"ENJOY 学习法"中，教师注重学生听、说、读、写、思方面方法的指导，让学生养成良好的学习习惯。

"ENJOY 学习法"中，注重学生持续性的学习兴趣以及积极主动的学习态度。从学生方面来说，首先是要养成良好的学习习惯；从教师方面来说，要注重学生学习方法的指导。

首先，指导学生会"听"。小学阶段是小学生听力能力养成的关键时期。为了探索提升小学生英语听力能力，我校英语组把理论指导和实际听力练习结合起来，从模拟标准发音到听力方法的运用，从低年级的快乐拼读到高年级的故事列车等课程都会进行细致的指导。

其次，引导学生多"说"。英语学科是一门实践性很强的工具学科，要使学生具有初步运用语言的能力，教师要有意识地采取积极有效的方法培养学生"说"的能力。我校教师在课程实施中努力创设情境，整合教学内容，丰富教学内容，开展游戏教学，设置了童声童唱、环球影城等课程，给学生提供口语训练的交际舞台，鼓励学生敢说，培养学生能说，引导学生会说。

再次，教会学生会"写"。小学阶段是英语书写能力培养的奠基阶段，书写是英语语言表达的重要形式，因此，对于小学英语书写指导要充分发挥

示范作用，采用多等方法提高学生的英语书写能力。我校英语教研组设置的字母超市、跳动词卡都分阶段有侧重地指导学生的书写。

然后，鼓励学生乐"读"。在中年级学习阶段，能看图识字，能在指认物体的前提下认读所学词语。在高年级学习阶段，能正确朗读所学故事和短文，养成按意群阅读的习惯。我校开设并实施的童趣美文、原著欣赏等课程都有侧重、分阶段地培养学生阅读习惯的养成。

最后，启发学生勤"思"。为了满足不同层次学生学习的需求，培养他们独立思考的能力，我校开设的英语课程如：头脑风暴、最佳拍档，都在学生勤思方面有侧重引导。

三、开展"ENJOY 英语节"，丰富校园英语文化

"ENJOY 英语节"是围绕一个主题节日进行学习的一种方式。学期初，学校年级组从学生听、说、读、写、唱、演等各方面策划不同主题，每年的12月份，学生全员参与，展示英语学习的丰硕成果。

结合英语学科的跨文化意识的培养，学校结合中西方文化的差异开展不同特色的"ENJOY 英语节"。在坚持每日听读的基础上，每学期开展相应的主题节日，通过字母超市、跳动词卡、童趣美文、故事列车等活动，拓宽学生的文化背景和国际视野。"ENJOY 英语节"活动主题表如下。（见表3-1-3）

表3-1-3　合肥市华府骏苑小学"ENJOY 英语节"活动主题表

活动主题	时间安排	活动内容	活动目的和意义
书写小达人	第一周	字母超市	面向三年级学生，提高学生 26 个字母的书写水平。
		跳动词卡	面向四年级学生，提高学生的英语单词书写水平。
		好词佳句	面向五年级学生，开展摘抄英文好词好句书写比赛。
		童趣美文	面向六年级学生，开展摘抄英语小短文书写比赛。
小小朗读者	第二周	律动歌谣	面向三年级学生，孩子选择喜欢的英文歌曲或者 chant 来演唱。
		故事列车	面向四至六年级学生，孩子选择喜欢的英文故事来表演。
诗情画意	第三周	纸短情长	面向三、四年级学生，在体验制作贺卡快乐的同时，表达对别人的祝福。

活动主题	时间安排	活动内容	活动目的和意义
		妙笔生画	面向五、六年级学生，学生以"迎新年"为主题，通过图文并茂的英语手抄报书写新年新希望。
最佳拍档	第四周	最佳拍档	面向三、四、五、六年级学生，此活动重在促进和提高同学们的单词识记能力。

四、依托"ENJOY 英语社团"，营造浓郁的英语学习氛围

"ENJOY 英语社团"内容丰富，从口语表达、玩演视听、跨文化交际等方面增加英语语言输出，为学生搭建运用语言的平台。

开学初，"ENJOY 英语社团"由老师根据自己的爱好与特长自主报名所教社团，然后向学生和家长各发一个调查问卷，根据征求意见学校再拟定开设适合学生的社团。学生自主选择社团，全员参加，每周五下午为固定的社团活动时间，每次活动时间一小时。学校通过建立社团各项制度保障各种英语社团的正常开展，为学生提供一个课后学习英语的平台。

"ENJOY 英语社团"主要开设课程内容有：童声童唱、快乐拼读、故事列车、环球影城、原著欣赏等。这些社团活动的开展真正实现"ENJOY 课程"以学生为中心，让他们在社团活动中体会英语学习带来的快乐！

五、开启"ENJOY 英语之旅"，拓宽英语学习生活

"ENJOY 英语之旅"着眼于学生体验研学的过程，科学探究的基本方法，加深对自然、社会、文化、历史的认识，让学生形成科学的自然观和严谨求实的学习态度，更深刻地了解学科知识和社会知识的相互关系。

"ENJOY 英语之旅"以学生长远发展为本，突出学生的主体性，在保证安全的前提下走进大自然，为学生提供多样性的课程套餐。

研学前，教师做好研学规划，制定课程纲要，设计活动方案和评价方式，为学生们进行研学文化、口语、礼仪的培训，学生根据教师提供的研学纲要，查阅相关资料做好充分的研学准备。

研学中，精心组织学生活动，指导学生边走边学，观察、记录、模仿、学习看到的自然风景与人文风貌，师生一起积极探索知识与社会、知识与生

活的链接，在行走中体验、感悟和内化。

研学后，教师指导学生根据研学评价标准，进行成果收集、整理、展示，谈感受、完善资料，在此基础上，学生撰写研学心得、研学报告，教师负责结集成册，形成研学课程成果。

"ENJOY 英语之旅"是为了让学生接触社会和自然，在体验中学习和锻炼，培养学生刻苦学习、自理自立、互勉互助、吃苦耐劳等优秀品质和精神。

"享受英语学习的快乐"是我校英语组教师共同的教学追求。"ENJOY 英语"课程着力于对英语学科各项技能的整合、重组和优化，既关注学生对基础知识、能力方法的掌握，也聚焦学生在学习过程中的情感态度和体验。"ENJOY 英语"课程开发了一系列特色课程，关注学习方法的指导和学习习惯的养成，建立形式多样的英语社团，研制了丰富有趣的研学线路，全面推进了课程的实施。

（撰稿人：彭慧　程莹　童寒雪　倪青　董桂霞　刘艳）

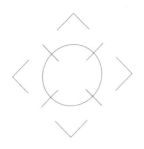

WARM English: 洋溢着温馨的英语学习

　　合肥市香樟雅苑小学英语组是一个充满活力、和谐奋进的教研团队。教研组以专业发展为引领，促进教师自主发展。以"青蓝工程"为平台，帮助教师快速成长。以课题研究为载体，开展多彩教研活动。充分发挥团队合力，依托课堂进行教学研究。我校英语组依据教育部《关于全面深化课程改革　落实立德树人根本任务的意见》及《义务教育英语课程标准（2011 年版）》，推进英语学科课程建设，取得了显著成效。

第一部分　学科课程哲学

一、学科价值观

　　《义务教育英语课程标准（2011 年版）》指出：义务教育阶段英语课程的总目标是：通过英语学习使学生形成初步的综合语言运用能力，促进心智发展，提高综合人文素养。[①] 英语学科核心素养以核心素养理念为基础，兼顾英语学科特色，从终身学习的角度出发，将英语知识学习、文化意识和思维培养结合起来，为促进人的全面发展做准备。北京师范大学王蔷教授提出，"英语学科的核心素养主要由语言能力、思维品质、文化意识和学习能力四方面构成"。

---

① 中华人民共和国教育部. 义务教育英语课程标准（2011 年版）[S]. 北京：北京师范大学出版社，2012：2.

基于以上认识，我校英语组认为英语课程的价值是学生通过英语学习和实践活动，逐步掌握英语知识和技能，提高语言实践运用能力的过程。WARM English 课程以课程标准为课程开发理论依据，以打造和谐温馨的英语课堂为具体平台，激发和保持学生学习兴趣，增强学生英语学习的自我效能感，从而乐学、爱学、会学，提高学生的英语学科核心素养。

二、学科课程理念

WARM English 把学生放在课程的中央，唤醒学生的内心需求，让学生真正感受到学习是一种快乐，是一种享受，让每个学生都积极、创新、健康、灿烂。 WARM English 将英语学科核心素养中的语言能力、思维品质、文化品格和学习能力与学科活动相融合，激发学生的英语学习兴趣，培养学生用语言解决问题的能力，帮助学生树立自信心，养成良好的学习习惯，形成高效的英语学习策略，发展自主学习的能力和合作精神。基于此，我校英语教研组提出以 WARM English 为核心的英语学科课程理念。WARM English 以引导学生快乐学英语、主动学英语为主，采用丰富多彩的教学内容、灵活有趣的教学方式、多元有效的评价手段让学生充分感受英语课堂的温馨和英语学习的魅力。 WARM English 中 "WARM" 的含义如下：

WARM English 是具有国际视野的英语， W 即 world，学生在课程学习过程中逐步获得国家意识、文化自信、世界视野。

WARM English 是积极向上的英语， A 即 active，即要培养学生积极主动的学习态度和向上的学习品格。学生在温馨和谐的学习环境中融入课程学习，主动参与活动，积极解决问题，做学习的主人。

WARM English 是卓越的英语， R 即 remarkable，学生在课程学习过程中，不断克服困难，主动参与学习活动，建立良好的自信，提升自我效能感，超越自我，追求卓越。

WARM English 是精通的英语， M 即 mastered，学生在课程学习过程中逐步掌握英语学习的技巧和方法，养成良好的英语思维方式，提高综合语言运用能力。

因此， WARM English 就是温馨有趣的课程、轻松和谐的课程、积极向上的课程，我们将课程理念提炼为 "洋溢着温馨的英语学习"。课程从学生的生活经验、学习兴趣、认知水平出发，营造轻松和谐的学习氛围，通过体验、实践、参与、合作与交流的学习方式，让学生感受到英语学习的乐趣，体验英语学习的成就感，提升学生的个人效能感，发展学生的综合语言运用能力和英语学科素养。

第二部分　学科课程目标

　　义务教育阶段英语课程的总目标是通过英语学习使学生形成初步的综合语言运用能力，促进心智发展，提高综合人文素养。英语学科核心素养的形成和发展应以主题意义探究为目的，以语篇为载体，在理解和表达等语言实践活动中，融合知识学习、技能发展和思维活动，构建结构化知识，在分析问题、解决问题的过程中发展思维品质，形成文化理解，塑造学生正确的人生观和价值观。[①]

一、学科课程总体目标

　　基于核心素养对学生的不同维度的要求，WARM English 课程以学生为本，以提高学生语言运用能力和发展学生的思维能力为指导思想，创设四维一体的英语课程群，培养学生的英语学科素养，即从语言能力、文化意识、思维品质、学习能力四个目标来分层实现。根据这个目标我校英语组确定了WARM English 课程总体目标：在温馨和谐的学习活动中，激发学生的英语学习兴趣，帮助学生体验英语学习的成就感，增强学生的学习自我效能感，培养学生的人文素养，提高学生的综合语言运用能力和学科素养。

二、学科课程年段目标

　　依据《义务教育英语课程标准（2011 年）版》和 WARM English 课程总体目标，确立了我校系统的英语课程体系目标，三到六年级具体分类目标体系完善，以下以五年级目标体系为例进行系统阐述。（见表 3 - 2 - 1）

[①] 王蕾. 从综合语言运用能力到英语学科核心素养——高中英语课程改革的新挑战［J］. 英语教师，2015（16）：7.

表 3-2-1　合肥市香樟雅苑小学 WARM English 课程五年级课程目标表

学期	单元	基础性目标	拓展性目标
第一学期	Unit 1	1. 能够听、说、读、写描写人物的单词和句型，并能够在情景中运用句型询问并回答某人的性格或外貌特征。 2. 培养学生主动用英语交际的习惯，树立正确的审美观，不以貌取人。	1. 通过"故事之声"课程（经典故事）使学生了解英语语音中的连读、节奏、停顿、语调等现象。 2. 通过"绘声绘色"课程（讲故事）使学生能够根据拼读知识，在图片的帮助下阅读并理解英语小故事和短剧，使学生能在老师的指导和帮助下表演小故事和短剧。 3. 通过"绘本之悦"课程（丽声经典故事屋第一至四级）使学生能够了解并掌握"看、听、读、思、演"等英语绘本阅读方法，使学生能够阅读并理解英文读物中事件发生顺序和人物行为，并进行叙述和表演。
	Unit 2	1. 能够听、说、读、写表示星期和日常活动类的单词和句型，并能够在情景中运用句型询问并回答某天的课程安排。 2. 使学生认识到珍惜时间的重要性，学会合理利用周末，做到有张有弛，劳逸结合。	
	Unit 3	1. 能够听、说、读、写食物类的单词和句型，并能够在情景中运用句型询问并回答。 2. 能够初步了解英语国家的简单饮食习惯及礼仪。	
	Unit 4	1. 能够听、说、读、写日常活动类的单词和句型，并能够在情景中运用句型询问某人能否做某事并作答。 2. 能够了解自己会做什么，培养乐于交往、并主动用英语交际的习惯。	
	Unit 5	1. 能够听、说、读、写表示物品和方位的单词和句型，并能够在情景中运用句型描述某地有某物。 2. 能够养成及时整理个人物品的习惯，养成热情、礼貌待人的品质。	
	Unit 6	1. 能够听、说、读、写地貌建筑类的单词和句型，能够复习 there be 句型并掌握 there be 句型的一般疑问句形式及其肯定、否定回答，并能准确熟练地运用于实际交流当中。 2. 提高对环境的观察能力和描述能力，增强保护自然环境的意识。	
第二学期	Unit 1	1. 能够听、说、读、写有关日常作息活动的词组，并能够在情景中运用句型询问并回答某人的日常作息与周末安排。 2. 能够了解学校中及生活中相关活动的名称，激发学生热爱学习、热爱生活的美好情感，能够合理地安排日常学习和周末活动。	1. 通过"绘本之悦"课程（丽声经典故事屋第五至九级）使学生能够在理解英文读物的基础上进行复述和表演，使学生能够根据不同的阅读目的，运用简单阅读策略获取信息。 2. 通过"妙笔生花"课程（思维导图）使学生能根据图片或者关键词提示写出简短的
	Unit 2	1. 能够听、说、读、写表示季节和日常活动类的单词和词组，并能够在情景中运用句型询问并回答对季节的喜好，并简单陈述喜欢某个季节的理由。 2. 引导学生用英语表达自己喜爱的季节，并陈述理由，培养学生对自然的热爱之情，让学生了解有关全球气候差异的常识。	

学期	单元	基础性目标	拓展性目标
	Unit 3	1. 能够听、说、读、写表示 12 个月份的单词及它们的缩写形式，能区分基数词与序数词，并能够在情景中运用相关句型询问和回答活动安排的月份。 2. 了解季节与月份关系的常识，合理安排各月份活动；了解 12 个月份中中西方主要节日，特别是中国的传统节日，了解西方复活节的知识；能够体会并表达自己喜欢的中外节日。	语段，掌握英语写作中组织语言的基本方法，能够根据话题和情境表达自己的观点和想法。 3. 通过"小眼睛大世界"课程（国旗与标志性建筑）使学生了解世界著名建筑和各国国旗。
	Unit 4	1. 能够听、说、读、写序数词，并能够在情景中运用相关句型询问和回答举办某活动的具体日期。 2. 能够体会并表达自己喜欢的中外节日，了解中西方重要节日的日期。	
	Unit 5	1. 能够听、说、读、写六个名词性物主代词和六个动词现在分词，并能在语境中正确运用以上词汇询问并回答问题。 2. 能够以小组合作的方式完成交流讨论，增强合作意识。	
	Unit 6	1. 能够听、说、读、写五个动词词组的现在分词和四个有关行为规范的词组，能够在语境中正确使用这些词组，描述某人正在做的事。 2. 培养学生遵守行为规范和学校校规的意识，比如保持安静、靠右排队、保持环境干净等，培养学生的规则意识。	

第三部分　学科课程框架

　　WARM English 课程设置以核心素养下"人"的培养目标为基石，让学生感受英语学习的乐趣，为不同基础的学生提供体验英语学习成就感的机会和平台，提升学生的个人效能感，使学生的英语能力在义务教育小学阶段要求基础上获得一定提高，语言能力得到充分发展。

一、学科课程结构

　　WARM English 课程以语言能力、文化意识、思维品质、学习能力为基准，设置了 Warm Listening、 Warm Speaking、 Warm Reading、 Warm Writing、 Warm Sightseeing 五个课程类别。以下是 WARM English 课程结构图。（见图 3 - 2 - 1）

图 3 - 2 - 1　合肥市香樟雅苑小学 WARM English 课程结构图

Warm Listening 用声音唤醒学生的耳朵，加强"原汁原味"英语的输入，结合学生的年龄特点和兴趣特点，从听英语歌谣、听绘本、听故事到听英语电影原声，保障学生语言输入的数量和质量。

Warm Speaking 给学生提供展示"我行我秀"的舞台，展示自我，感受英语语言表达的乐趣，从简单日常对话表演、英语短剧表演到电影原声的配音，结合学生的认知特点，循序渐进，由易到难，让学生愿意说、敢说、会说、爱说英语，同时在英语沟通交流中展示自我、成就自我，增强学习英语的自信心，提升学生的自我效能感。

Warm Reading 根据学生的年龄特点，引导学生通过朗读、默读等方式读绘本、读故事、读科普短文，体会英语阅读的乐趣，同时培养学生根据不同阅读材料、阅读目的灵活使用阅读策略的能力，培养学生猜测、质疑、创造的思维品质，帮助学生养成每日阅读、广泛阅读的习惯。

Warm Writing 让学生从正确书写字母、单词、短语、句子到仿写短文，从编写简单的故事到写出简短的文段，引导学生能对自己、他人的文章进行改写、续写，了解不同题材、不同主题的英语书面表达方式，逐步形成英语思维的书面表达方式和习惯，引导学生欣赏英语名篇名段，体会英语语言文字的优美。

Warm Sightseeing 让学生体验中西方不同的文化，了解不同的文化传统和社会现象，帮助学生拓展国际视野，给学生提供接触和了解外国文化的机会，培养他们对中外文化的敏感性，提升他们的文化鉴别能力，并逐步形成正确的文化立场，树立对中华民族文化的自信心、认同感和自豪感。

二、学科课程设置

我校三到六年级教材版本为 PEP 人教版小学英语，根据不同年级学生的年龄特点，WARM English 课程分别设置了丰富多彩的课程学习活动，课程的设置充满了灵活性、趣味性和多样性。WARM English 课程对国家基础课程进行了校本化重构，充分突显英语课程的育人价值。除国家基础课程外，WARM English 课程开展了以下拓展课程。（见表 3-2-2）

表 3-2-2　合肥市香樟雅苑小学 WARM English 课程设置表

学段 \ 课程		Warm Listening	Warm Speaking	Warm Reading	Warm Writing	Warm Sightseeing
三年级	第一学期	歌谣之声（迪士尼神奇英语）	我行我秀（日常情景对话）	绘本之悦（丽声拼读故事会第一级）	妙笔生花（妙想画册）	小眼睛大世界（西方礼仪）
	第二学期	歌谣之声（迪士尼神奇英语）	我行我秀（日常情景对话）	绘本之悦（丽声拼读故事会第二、三级）	妙笔生花（妙想画册）	小眼睛大世界（西方礼仪）
四年级	第一学期	绘本之声（自然拼读绘本）	我行我秀（丽声英语小剧场1、2）	绘本之悦（丽声拼读故事会第四、五级）	妙笔生花（多彩卡片）	小眼睛大世界（西方节日）
	第二学期	绘本之声（自然拼读绘本）	我行我秀（丽声英语小剧场3、4）	绘本之悦（丽声拼读故事会第六至十级）	妙笔生花（多彩卡片）	小眼睛大世界（西方节日）

续　表

学段＼课程		Warm Listening	Warm Speaking	Warm Reading	Warm Writing	Warm Sightseeing
五年级	第一学期	故事之声（经典故事）	绘声绘色（讲故事）	绘本之悦（丽声经典故事屋第一至四级）	妙笔生花（思维导图）	小眼睛大世界（国旗与标志性建筑）
	第二学期	故事之声（经典故事）	绘声绘色（讲故事）	绘本之悦（丽声经典故事屋第五至九级）	妙笔生花（思维导图）	小眼睛大世界（国旗与标志性建筑）
六年级	第一学期	光影之声（热门电影片段）	绘声绘色（电影片段配音）	绘本之悦（丽声冒险第一至四级）	妙笔生花（绘本大师）	小眼睛大世界（中国文化与节日）
	第二学期	光影之声（热门电影片段）	绘声绘色（主题演讲）	绘本之悦（丽声英语百科分级物读一至十级）	妙笔生花（绘本大师）	小眼睛大世界（中国文化与节日）

第四部分　学科课程实施

义务教育阶段是学习英语的最佳期，青少年对于学习英语更加敏感，也更加容易。因此， WARM English 课程以学生为中心，开设 WARM English 课程，开展温馨有趣、欢欣愉悦的英语学科活动，拓宽学生国际视野，促进发展学生的综合语言运用能力和学科素养。

一、彰显特色，构建 WARM English 课堂

WARM English 课堂从学生出发，在温馨和谐的课堂中激发学生英语学习的兴趣，培养学生积极主动的学习态度和追求卓越的学习精神，提升学生语言的综合运用能力，增强学生学习英语的自我效能感。

WARM English 课堂教学面向全体学生，让学生向着阳光生长，在课堂中感受英语学习的乐趣，在丰富的活动中积极自信地展现自我。构建 WARM English 课堂要求我们做到以下三点：

首先，分层制定具体、可行的教学目标。教学目标是教学的出发点和落脚点，在 WARM English 课堂中教师从学生需要出发，结合不同年段学生的年龄特点和班级不同英语水平的学生实际情况来分层设立教学目标，同时深入分析教学内容，将教学内容与目标相结合，细化目标，注重目标的可操作性。明确、合理、个性化的教学目标的设置是 WARM English 课堂实施的重要途径和前提保障。

其次，营造温馨、愉悦的课堂氛围。 WARM English 课堂为学生营造温馨的课堂氛围，教师在课堂中通过亲切的语言和动作等，把对学生的鼓励、关爱、尊重传递给他们，使学生在温馨的课堂氛围里提高学习动力。WARM English 还在课堂中设置丰富有趣的活动，吸引学生注意力，学生能够积极地参与到课堂中来，在欢快的课堂氛围中提高学习效率，在愉悦中习得语言。

再次，使用灵活、精通的教学技法。英语课堂中有大量的语言交流活动，需要学生的积极思考和参与，常常会遇到预设之外的情况， WARM English 课堂要求教师充分掌握教学技法，运用教育机智，灵活处理问题，激发学生的创造潜能，使他们的思维具有更自由、更广阔的空间。

WARM English 让学生向着阳光生长，在课堂中感受英语学习的乐趣，在丰富的课堂活动中提升语言综合能力。

二、丰富多彩，开设 WARM English 课程

WARM English 课程一方面选取人教（PEP） 2011 课标版三年级起点（吴欣主编）作为学习教材，确保国家课程的正常推进。另一方面积极开发WARM English 校本课程，以学生为出发点，结合各学段学生年龄特点和兴趣需求，同时设计丰富多彩的课程内容和灵活多样的评价手段，从而提高学生综合语言运用能力。

WARM English 课程针对三至六年级学生，从 Warm Listening、 Warm Speaking、 Warm Reading、 Warm Writing、 Warm Sightseeing 五个层面开设了丰富多彩的符合学生年龄特点和个性需求的课程。

WARM English 课程结合三年级学生活泼开朗、喜欢游戏的年龄特征为学生开设了"歌谣之声""我行我秀""绘本之悦""妙笔生花""小眼睛大世

界"等课程，以鼓励学生大胆说、积极做！

四年级的学生有一年的英语学习基础，这个阶段的儿童仍容易为一些新奇刺激的事物所吸引，WARM English 课程为四年级学生开设了"绘本之声""我行我秀""绘本之悦""妙笔生花""小眼睛大世界"等课程，进一步提升学生的英语学习兴趣。

五年级学生的抽象逻辑思维开始发展，WARM English 课程为五年级学生开设了"故事之声""绘声绘色""绘本之悦""妙笔生花""小眼睛大世界"等课程，以激发学生对英语深入学习的兴趣。

六年级的学生在英语学科学习上能够发挥其能动性，WARM English 课程为六年级学生开设了"光影之声""绘声绘色""绘本之悦""妙笔生花""小眼睛大世界"等课程，以提高学生综合语言运用能力。

WARM English 课程低年段的"我行我秀"和高年段的"绘声绘色"等课程，让学生根据其真实生活经验进行对话和演讲，创设真实情境，让学生在真实语境中理解英语、学习英语，并最终能将英语运用在真实生活中。在提高学生积极性和自信心的同时，也为学生提供了多维度提高自我、展现自我的舞台。WARM English 课程不再只是关注英语作为一种语言交际的工具性，而是更加注重学生人文素养的提高。

三、充实有趣，开展 WARM English 节日

WARM English 课程结合中西方文化特色和校园文化，三至六年级开设不同的特色节日，让师生都参与到其中，增加师生互动交流，开拓学生视野，初步了解西方文化，激发学生英语学习兴趣，同时又能在中西方文化交流中增强学生文化自信。

WARM English 节日包括中年级段的 English Song Day、Poster Design Day，和高年级段的 Drama Day、Speech Day。在英语学习活动过程中，要让学生继承和发扬优秀中华传统文化，初步了解西方节日文化。WARM English 节日的开展能够让学生了解西方文化，感受中西方传统文化的魅力，具体活动设置如下。（见表 3 - 2 - 3）

表 3-2-3　合肥市香樟雅苑小学 WARM English 课程节日活动设置表

年级	节日	活　动
三年级	English Song Day	三年级举办"英语歌曲日"，可以以班级为单位合唱，亦可以个人形式独唱，由学生和英语老师、音乐老师一起进行评比。
四年级	Poster Design Day	四年级举办"海报设计日"，每学期主题不同，围绕主题进行海报设计，并在校园展示栏中展出。
五年级	Theatre Day	五年级举办"小剧场日"，以班级或社团为单位参加，优秀组参加学校展评。
六年级	Speech Day	六年级举办"演讲日"，每学期每年级主题不同，根据主题进行演讲。

四、彰显个性，开展 WARM English 小剧场社团活动

社团活动是英语课堂教学的补充和延伸，WARM English 小剧场社团以语言学习为基础，让学生自主设计剧本、服装等，注重培养学生口语技能、组织能力和协作精神，发挥特长，发展潜能，发展学生综合能力。

WARM English 小剧场社团由低年级段和高年级段两个部分组成，针对低年级段的学生，社团着力于培养学生对英语口语的兴趣及口语表达能力。社团主要活动形式为欣赏英语动画短片、模仿对话、小组合作创编故事，并在戏剧节上展示演出。同时，还鼓励社团成员利用课堂及课余时间和其他同学一参与口语练习，共同提高口语表达能力。

高年级学生的 WARM English 社团活动意在提高学生鉴别和欣赏文化的能力，社团主要活动形式为欣赏国内外优秀文学作品，学生小组合作进行剧本创编，分配角色台词、排练话剧，并在戏剧节上展示演出。通过剧本创编和舞台展示，提高学生对语言的理解能力和综合运用能力，拓宽学生知识面，让学生感受到语言的魅力。

五、拓展实践，组织 WARM English 活动

WARM English 课程要求教师不断创新自己的教学方法，采用多种多样的教学手段激发学生在语言交际活动中的热情，提升学生学习英语的兴致，再从兴致逐步发展为兴趣，成为学生漫长学习生活的动力。

WARM English 课程充分尊重学生的个性特点，给学生提供一种轻松、自由、愉快的学习环境，给予他们足够的机会，鼓励他们充分地展现自我，让所有学生在实践活动中都能发现自己的优点，创造自己的价值。

活动一： English Talent Show

WARM English 课程活动形式丰富多彩，如画画、唱歌、表演等，将学生的思维和肢体活动结合起来，多方位地促进学生的身心发展，将学生的个人特长与英语学习相结合，给学生充分展示自我的机会。

活动二： English is Everywhere

WARM English 课程注重将知识与实践相结合，给学生提供将英语知识运用于生活实践的机会。组织学生参加跳蚤市场活动，用英语交流，最后用 PPT 形式整理活动成果，进行演讲展评。

WARM English 课程的开发，使教师更加注重与学科课程、与学生之间的交流，使学生能够在温馨愉悦的环境中学习英语，在丰富多样的英语学科活动中发挥自身特长、展现个性，使学生感受英语学习的乐趣，体验英语学习的成就感，提升学生的个人效能感，从而发展学生的综合语言运用能力和英语学科素养。

（撰稿人：程宗玲　苏月婷　李婉滢）

第四章

教材是依据课程标准制定的教学用书，是课程设置的基点，具有普适性、系统性等特点。随着课程改革的推进，学校要依据自身特点、条件以及可利用的资源在教材系统性的基础上延伸教材，拓展课程，让学科课程设置更加丰富、多元和开放。

学科课程设置：教材的系统性与课程的开放性

　　课程是学校教育的重要手段，是实现学校教育培养目标的具体表现。一个学校的课程设置代表了这所学校的老师教什么、学生学什么。因此，课程的设置是各类型学校的核心问题。[①] 教材作为课程设置的重要载体，是依据课程标准制定的教学用书，在学校教育方面具有普适性、系统性等特点。教材的系统性主要体现在固定教材的使用上。近年来，小学英语教材在内容编写上逐渐开始多元化，包含了多种模块，如：词汇、语音、语篇、语法、话题、情节、任务活动等。[②]

　　然而传统教学在封闭式教学文化的影响下，课程设置与教材的使用较为单一，课堂氛围缺少生气和乐趣，教学目标单一，教学过程偏向填鸭式，师生的生命力在课堂中得不到充分发挥。[③] 在过去很多年的实际教学中，教育忽略了英语的语用功能且违背了学生身心发展的规律。存在死啃课文、苦背单词、强记语法等现象，"哑巴式英语"问题显著。

　　随着新一轮基础教育课程改革的推进，更加多元、开放、灵活的国家课程、地方课程应运而生，形成教学目标更加多样化、教学内容更加丰富的开放式文化。课程的开放性主要体现在越来越多的学校除了让学生学习固定的统一教材之外，还制定了校本课程，丰富了学校课程体系，培养了学生的学科核心素养。校本课程是指"在学校现场发生并展开的，以国家及地方制定的课程纲要的基本精神为指导，依据学校自身的性质、特点、条件以及可利用和开发的资源，由学校成员自愿、自主、独立或与校外团体和个人开展的，旨在满足本校所有学生学习需求的一切形式的课程开发活动"。[④]

　　校本课程形式多样，在小学英语课程设置方面，既可以表现为英语社团、英语角、英语晚会、英语竞赛等活动，也可以表现为英语绘本阅读、英语诗歌朗诵、英语名著赏析、英语动画欣赏等课程。对学校而言，校本课程的设置具有较高的开放性和灵活性，有利于培养学生的文化意识和思维品质。

　　本章中，合肥市蜀山小学以"NICE"为课程主题，字里行间透露着学校

---

① 韩培利. 小学英语教育专业课程设置初探 [J]. 南昌教育学院学报，2011（26）：130.

② 胡春洞. 小学英语课程设置、师资培训及教材教法 [J]. 课程教材改革，2004（7）：19.

③ 余文森. 试论教学的开放性 [J]. 教育理论与实践，2004（9）：42.

④ 徐玉珍. 校本课程开发：概念解读 [J]. 课程教材教法，2001（4）：13.

老师对孩子们的美好期许，并通过一系列的相关课程拓展学生的课外知识，打破了固定教材使用的单一性，丰富了孩子的国际化视野。合肥市蜀新苑小学以"SMILE 英语"为核心课程理念，旨在以学生为主体，顺应学生天性，通过资源联动、有效互动来激活课堂，让学生真学、乐学、会学，带着微笑学英语。两所学校均在现有的使用教材上，利用各具特色且形式多样的校本课程作为课堂教学的补充，双管齐下，体现了最新的教育文件精神。

（撰稿人：刘莉）

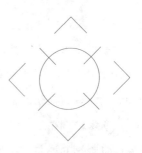

NICE 英语：架起沟通之桥，绽放语言之花

  合肥市蜀山小学英语组是一支团结、向上、奋进以青年力量为主的教研团队。现共有 8 位英语教师，共计获得全国奖 10 次，省、市、区级奖项 30 多次。我校英语教师在不断的探索、研究、融合中创新英语课程的四大核心要素，从而形成了"NICE 英语"课程。蜀山小学英语组全体教师希冀通过"NICE 英语"课程架起沟通之桥，绽放语言之花。现依据教育部《关于全面深化课程改革 落实立德树人根本任务的意见》以及《义务教育英语课程标准（2011 版）》等文件精神，推进英语学科课程建设，取得了显著的成效。

第一部分 学科课程哲学

一、学科价值观

  《义务教育英语课程标准（2011 年版）》指出：义务教育阶段的英语学科课程既要体现学科的工具性，也要体现其人文性。就工具性而言，英语课程承担着培养学生基本英语素养和发展学生思维能力的任务。就人文性而言，英语课程承担着提高学生综合人文素养的任务，即学生通过英语课程能够拓展视野，丰富生活经历，形成文化意识，增强爱国主义精神，发展创新能力，形成良好的品格和正确的人生观、价值观。[①] 工具性和人文性相统一

---

① 中华人民共和国教育部. 义务教育英语课程标准（2011 年版）[S]. 北京：北京师范大学出版社，2012：2.

的英语课程要求通过英语学习和英语实践活动，使学生逐步掌握英语知识和技能，提高综合语言运用能力，促进思维品质发展，锻炼意志，陶冶情操，发展个性，为学生的终身发展奠定基础。因此，我校英语组研发并实施了丰富多彩的"NICE英语"课程，让孩子浸润于英语语言的深度学习中，唤醒孩子们心中热爱语言学习的种子，架起语言沟通的桥梁。

二、学科课程理念

小学阶段英语课程的主要目的是激发学生学习英语的兴趣，培养他们英语学习的积极态度，培养良好的语言学习习惯，为他们学习英语和未来发展创造条件。① 基于此，我校英语组提出了以"架起沟通之桥，绽放语言之花"为核心的学科课程理念，确定了"NICE英语"课程的学科课程哲学。"NICE"寓意美好，即通过课程改革，唤醒孩子们产生对学习、生活的美好向往，体验到学习和成长的乐趣。我校希望能够呵护好每个孩子心中的美好种子，在一系列的课程体系和教育工作中，最终让孩子们以自然生长的姿态充分学习，享受知识与文化的滋养。

"NICE英语"课程由 N—I—C—E 四个字母组成，分别代表了四个不同要素。"N"代表 Nature（自然生长），"I"代表 Interdiscipline（跨学科融合），"C"代表 Culture（文化），"E"代表 Enjoy（享受）。这些要素是课程开发和实施的核心思路和方向，各个要素的具体涵义如下：

Nature（自然生长）。教育需要尊崇儿童身心发展的顺序性和阶段性，顺应儿童发展的天性，要善于发现孩子们的优势，扬长避短、长善救失，激发孩子们自我发展的信心和积极性，使每个孩子在童年阶段都能获得最大限度的发展。

Interdiscipline（跨学科融合）。通过多门学科的资源融合，在问题探究的过程中全面培养和训练孩子们的学习能力和综合素养，② 促进其思维品质的发展，丰富孩子们的学识，拓展孩子们的视野，提高教学效果。

Culture（文化）。语言是文化的载体，了解中外文化的异同，是开展跨文化

---

① 中华人民共和国教育部. 教育部关于积极推进小学开设英语课程的指导意见 [EB/OL]. http://www.moe.gov.cn/s78/A26/jces_left/moe_714/tnull_665.html.

② 陆启威. 学科融合不是简单的跨学科教育——学科融合教育的实践和思考 [J]. 辽宁教育, 2017（05）：22—24.

交流、培养孩子跨文化意识的重要手段。通过增强英语文化背景知识的教育能让孩子真实地感受到英语作为一门语言的魅力，丰富孩子的国际化视野。

Enjoy（享受）。让孩子们尽情享受的英语课堂是促进孩子们身心愉悦发展的课堂。积极培养孩子们的学习兴趣，在体验、实践、参与、合作与交流的学习方式中发展孩子们的综合语言运用能力，使语言学习的过程成为孩子们形成积极的情感态度、主动思维和大胆实践的过程，让英语学习成为孩子们的一种享受。

第二部分　学科课程目标

基础教育阶段英语课程的总体目标是培养孩子们的综合语言运用能力。综合语言运用能力的形成建立在孩子们语言技能、语言知识、情感态度、学习策略和文化意识等素养整体发展的基础上。语言知识和语言技能是综合语言运用能力的基础，文化意识是得体运用语言的保证，情感态度是影响孩子们学习和发展的重要因素，学习策略是提高学习效率、发展自主学习能力的保证。这五个方面共同促进综合语言运用能力的形成。基于此，我校"NICE英语"课程体系从这五个方面制定了课程总体目标并根据我校学生学情特点制定了各年级具体目标。

一、学科课程总体目标

基础教育阶段英语教学的任务是激发和培养孩子们学习英语的兴趣，帮助他们树立学习英语的自信心，锻炼他们在真实情景中运用英语交际的能力。在"NICE英语"课程的学习中，孩子们将逐步掌握英语知识和技能，提高语言实际运用能力，总体目标如下：

（一）语言技能目标

学生通过学习"NICE英语"课程，能够发展和提高听、说、读、写四个方面的语言技能，并能在口语交际、阅读与写作、沟通与交流等情境中综合运用这四种技能。

（二）语言知识目标

学生通过学习"NICE英语"课程，能够丰富自己的语音、词汇、语法、功能和话题等方面的知识，并能在情境中自主整合知识、运用知识。

（三）情感态度目标

学生通过学习"NICE 英语"课程，能够拥有积极的学习态度、学习兴趣，自信意志、合作精神，在学习过程中逐渐形成祖国意识和国际视野。

（四）学习能力目标

学生通过学习"NICE 英语"课程，能够学会积极与他人合作，共同完成学习任务和实践，自主阅读课外英语读物，制订简单的英语学习计划；自主养成用思维导图建构文本思路、总结知识点的学习习惯。

（五）文化意识目标

学生通过学习"NICE 英语"课程，能够知道主要英语国家的首都和国旗，了解世界上主要国家的重要标志物，了解英语国家中重要的节假日并对比中外文化差异，提升跨文化意识。

二、学科课程年级目标

结合英语课程总体目标，依托"NICE 英语"课程理念，我校英语课程具体目标将从基础性目标和拓展性目标两个方面进行表述。这里以六年级课程目标设置为例进行阐述。（见表 4-1-1）

表 4-1-1　合肥市蜀山小学"NICE 英语"课程六年级课程目标表

学期	单元	基础性目标	拓展性目标
第一学期	Unit 1	1. 能听说读写 9 个地点场所的单词和词组。 2. 能够在情景中询问地点和路线。 3. 了解英国代表性建筑"伦敦眼"，著名河流泰晤士河以及特色快餐 fish & chips。	1. 通过"欢乐剧场"课程，渗透英语戏剧文化并有意识地鼓励孩子踊跃表演和展现自己。 2. 通过阅读科普类的英语绘本（培生英语 5 级），让学生了解更多的大自然的奥秘。 3. 通过句子书写类课程，鼓励学生进行英语写作的尝试。
	Unit 2	1. 能听说读写 11 个有关交通的单词和词组。 2. 能够在情景中运用相关句型谈论交通方式。 3. 了解不同国家学生上学的交通方式及辨认一些常见的交通标志。	
	Unit 3	1. 能听说读写 13 个表示活动及时间的单词和词组。 2. 能够在情景中谈论活动计划的内容、地点和时间。 3. 能够树立合理计划的意识，鼓励自己"做中学"。	

续　表

学期	单元	基础性目标	拓展性目标
	Unit 4	1. 能听说读写 9 个爱好类的单词和词组。 2. 能够在情景中谈论他人的爱好与个人信息。 3. 了解中式茶和英式茶的饮茶器皿及饮茶习惯。	
	Unit 5	1. 能听说读写 8 个职业有关的单词和词组。 2. 能够在情景中谈论人物的职业和生活情况。 3. 能从不同视角认识职业，明白从事某些职业应具备的条件，构思自己的职业梦想。	
	Unit 6	1. 能听说读写 13 个情绪类的单词和词组。 2. 能够在情景中询问他人的情绪和心理状态。 3. 能够用相关句子疏导情绪或提出建议。 4. 能学会关心他人、知恩图报。	
第二学期	Unit 1	1. 能听说读写 10 个比较级的单词。 2. 能够在情景中使用上述单词描述人或动物的外貌特征。 3. 能够理解比较级的基本构成。 4. 能够了解常见的中西方鞋码标注法，以及太阳和影子的位置关系。	4. 通过"澳洲美景"课程，让孩子们领略南半球的自然风景和代表性国家及其地理位置和建筑等特点。
	Unit 2	1. 能听说读写 12 个动词过去式。 2. 能够在情景中询问别人周末过得怎么样、做了什么事情。 3. 了解英语国家的简单文娱活动和周末的主要活动或活动方式。	
	Unit 3	1. 能听说读写 10 个动词过去式。 2. 能够在情景中谈论假期活动以及交通方式。 3. 初步了解中西方假期活动文化的异同，发展跨文化交际意识。	
	Unit 4	1. 能听说读写 7 个校园场所的单词。 2. 能够在情景中讨论曾经与现在的对比和变化。 3. 学会用发展的眼光看待周围的人或事物。	

第三部分　学科课程框架

基于我校的英语课程总体方针、相关理论以及义务教育课程标准的要求，针对"NICE 英语"课程所设置的课程目标，开发了一系列英语学科课程。根据儿童的年龄特征及心理需求的不同，又将课程进一步细分，以适应不同学段孩子们的学习需求。同时，创造有趣的学习情境，合理设置最近发展区，真正实现寓教于乐。

一、学科课程结构

根据《义务教育英语课程标准（2011 年版）》，并结合我校儿童的实际学情，"NICE 英语"课程以英语学科的听、说、读、写及综合语言应用能力为基石，开设四大课程模块：美听畅说、美阅乐读、美思妙写、美寻文化。每一个模块都包含语言技能、语言知识、情感态度、学习策略、文化意识五大要素。另外，结合各个年级儿童的年龄特点以及学习能力水平的差异，不同模块在各年级中的侧重各有不同。

（一）美听畅说

听说能力是最基本的英语能力。在听的方面，低年级（1—3 年级）更加侧重于听一些有节奏的简单的歌曲或歌谣，帮助儿童适应英语的语言特点。高年级（4—6 年级）更加倾向于听课本的内容或者补充的小故事、歌曲等，为学生拓展进一步的提升空间，向因材施教靠拢。在说的方面，先从模仿发音，体会自然拼读开始，利用朗朗上口的节奏帮助儿童培养学习英语的兴趣。之后通过循序渐进，在歌谣中、对话中、演讲中、表演中提高学生口语交际能力。

（二）美阅乐读

阅读，是发展学生英语学科素养的重要途径。在小学阶段，形成良好的阅读习惯是培养学生阅读品格和阅读能力的保障。英语分级阅读绘本通过呈现多彩的图片、生动有趣的故事情节等能够充分开发儿童的观察探究能力，激发儿童学习英语的兴趣。低年级以欣赏感知自然拼读类绘本为主，重感知、重体验、重语感。高年级由拼读绘本过渡到故事型绘本再到自然科学类绘本，层层递进，让学生通过阅读拓展知识。

（三）美思妙写

规范的英语书写以及简洁流畅的英语短篇创作，是学生重要的语言输出环节。学生从简单的 26 个字母的认知开始，到单词，到句子，到段落，到短篇，将所学所感充分地表现出来。写作是多方面语言综合知识的结合与运用，也是反映学生语言发展和思维发展的方法之一，是一个长期性的课程。

（四）美寻文化

在综合语言运用方面，我校将英语与生活联系起来，以探寻文化为载体，利用中西方传统节日，加深学生对英语的理解和使用，培养世界意识。在起始阶段，让学生对英语国家文化以及中外文化的异同有粗略的了解，然后到高年级阶段逐步通过课程拓展学生国际视野，提高跨文化交际能力。每个版块开设了多样的课程。（见图4-1-1）

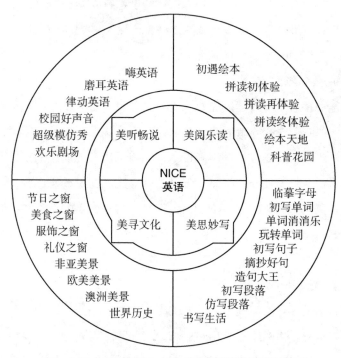

图4-1-1 合肥市蜀山小学"NICE英语"课程结构图

二、学科课程设置

"NICE英语"课程秉承寓教于乐的宗旨，突出孩子们的主体地位，保护孩子们的学习兴趣，锻炼语言学习能力，围绕英语学科的学习特点，以及不同阶段的孩子们的学情特点，除了教学中的基础课程外，根据学校实际，我校在"NICE英语"课程中还设置了拓展型课程和探究型课程。（见表4-1-2）

表 4-1-2 合肥市蜀山小学 "NICE 英语" 课程设置表

学段 / 课程		美听畅说	美阅乐读	美思妙写	美寻文化
一年级	第一学期	嗨英语 （字母韵律操）	初遇绘本 （简单绘本通 1 级）	临摹字母	节日之窗
	第二学期	嗨英语 （拼读歌曲）	拼读初体验 （拼读绘本 1 级）	初写单词	节日之窗
二年级	第一学期	磨耳儿歌	拼读再体验 （拼读绘本 2 级）	单词消消乐	美食之窗
	第二学期	磨耳儿歌	拼读终体验 （拼读绘本 3 级）	玩转单词	美食之窗
三年级	第一学期	律动英语	绘本天地 （丽声英语 2 级）	初写句子	服饰之窗
	第二学期	律动英语	绘本天地 （丽声英语 3 级）	摘抄好句	服饰之窗
四年级	第一学期	校园好声音	绘本天地 （丽声英语 4 级）	仿写好句	礼仪之窗
	第二学期	校园好声音	绘本天地 （丽声英语 5 级）	造句大王	礼仪之窗
五年级	第一学期	超级模仿秀	科普花园 （培生英语 4 级）	初写段落	亚非美景
	第二学期	超级模仿秀	科普花园 （培生英语 4 级）	仿写段落	欧美美景
六年级	第一学期	欢乐剧场	科普花园 （培生英语 5 级）	书写生活	澳洲美景
	第二学期	欢乐剧场	科普花园 （培生英语 5 级）	书写生活	世界历史

第四部分 学科课程实施

为了落实 "NICE 英语" 课程的精神，进一步推进各项课程的有序开展，提高孩子们的综合语言应用能力，本课程从建构 "NICE 英语" 课堂、推广 "NICE 英语" 节、打造 "NICE 英语" 社团、制定 "NICE 英语" 作业和整合外教资源六个方面实施展开。

一、建构"NICE 英语"课堂，彰显我校英语课堂特色

"NICE 英语"课堂在新课标的指导下，结合 Nature、 Interdiscipline、 Culture、 Enjoy 四大核心要素的内涵，并在英语组团队群策群力之下制定了符合"NICE 英语"课堂的新指标。

"NICE 英语"课堂重视英语学习的基本技能，夯实学生英语学习基础。在"写"的方面，低年级孩子们主要以模仿临摹为主，中高年级开始逐渐自行书写单词、句子、作文。其次，"NICE 英语"课堂重视英语学习的拓展性和学科之间的融合性。开设了融合音乐的"倾听英文歌"、"模仿英语歌曲"，也有融合表演的"课本小剧场"等课程。"NICE 英语"课堂还重视学生的学习过程和学习效果。学习英语的最基本的目的是让学生学会用英语这门语言进行表达。缺乏学习英语的人文环境，在一定程度上造成了语言学习的困境。为此，我校从低年级就开始进行国外经典绘本阅读活动，从最基本的 26 个字母开始，到自然拼读的学习以及英语进阶阅读，旨在培养孩子们对地道英语表达的敏感性，唤醒英语文化意识。

二、推广"NICE 英语"节，唤醒跨文化意识

"NICE 英语"课程四要素之一的目标是提升孩子的跨文化意识，为了达到这一目标，我校开展了丰富的英语节活动。

根据不同学段孩子的认知特点及兴趣点，结合不同西方传统节日的时间及文化习俗，开展形式多样、内容丰富、活泼有趣的"NICE 英语"节，为孩子们营造一个提升跨文化意识的良好氛围，具体课程安排如下。（见表 4-1-3）

表 4-1-3　合肥市蜀山小学"NICE 英语"节课程安排表

年级	西方节日		校园节日	
	节日	实施	节日	实施
一年级	介绍西方节日文化	绘制节日面具	字母节	1. 字母认读大闯关 2. 字母书写大比拼
二年级	介绍西方节日文化	制作感恩贺卡	单词节	单词书写大挑战
三年级	儿童节	艺术汇演	电影节	观赏英语经典电影
四、五年级	介绍西方节日文化	绘制节日彩蛋	故事节	讲演英文小故事
六年级	介绍西方节日文化	情景剧表演	演讲节	主题演讲

三、打造"NICE 英语"社团，激发英语学习兴趣

为了进一步激发孩子学习英语的兴趣，我校还专门开设了不同的英语社团以满足不同孩子的需求。

各年级孩子都可以根据自己的兴趣和英语能力水平，自主选择"NICE 英语"社团课程。课程开设时间为每周一次，一学期结束后，开展社团展示活动。以下是"NICE 英语"社团安排表。（见表 4 - 1 - 4）

表 4 - 1 - 4　合肥市蜀山小学"NICE"英语社团安排表

时间	地点	参加人员	课程名称
每周四下午 3：00—3：40	美术教室	1—2 年级学生	律动英语
	音乐教室	3—4 年级学生	动漫英语
	录播教室	5—6 年级学生	英语童谣赏析

四、开展"NICE 英语"竞赛，展现学生风采

"NICE 英语"竞赛是针对各个年级孩子的英语发展水平制定的和英语相关的比赛活动，如英语书写比赛、歌曲比赛等。其目的是给更多的孩子提供一个展示自己的平台，使他们在竞争中获得自我效能感。

我校针对不同年级的特点，开展形式多样的竞赛活动，旨在帮助孩子们增强学习英语的兴趣，发现自身优势，实现取长补短。竞赛的形式能充分激发孩子们的积极性。以下是"NICE 英语"竞赛项目安排表。（见表 4 - 1 - 5）

表 4 - 1 - 5　合肥市蜀山小学"NICE"英语竞赛安排表

时间	地点	竞赛名称	参加人员	竞赛内容
11 月上旬	阶梯教室	写意人生	1—2 年级学生	字母书写
11 月中旬			3—4 年级学生	短文书写
11 月下旬			5—6 年级学生	诗歌书写
4 月上旬	音乐教室	英乐之声	1—2 年级学生	自选英文歌
4 月中旬			3—4 年级学生	
4 月下旬			5—6 年级学生	

五、制定"NICE 英语"特色作业，丰富学生课余生活

在学生的课余时间，我校英语教师仍然关注着学生的学习生活，每年的寒暑假都会布置英语特色假期作业。

我校创新作业方式，鼓励学生结合生活实际，利用色彩、图案、手工等来完成特色作业，时间多安排在寒暑假完成，时间相对充裕，能让学生产生更多高质量的作品。学生在其中增强了学习英语的兴趣，英语组教师在讨论英语特色作业时，也考虑到学科之间的交融性。具体内容如下表。（见表 4-1-6）

表 4-1-6　合肥市蜀山小学"NICE 英语"特色作业安排表

时间	参加人员	特色作业名称	特色作业内容
寒假	1—2 年级	创意书写	创意书写 26 个英文字母
	3—4 年级	新年寄语	制作精美有特色的贺卡
	5—6 年级	英语手抄报	绘制关于传统节日的手抄报
暑假	1—2 年级	儿歌我来唱	学唱英文儿歌
	3—4 年级	故事我来读	精读英语绘本故事
	5—6 年级	字典我来写	制作英语小词典

六、整合外教资源，拓展"NICE 英语"课堂

学习英语必不可少的途径之一是让学生多聆听英语母语国家的人说英语。外教资源的引入能让学生进行跟读、模仿、学习和交流，让孩子们更接近地道的英语。

在我校，外教进课堂活动于每周四下午 2:05—2:45 开展。每周会有固定的外教老师来给学生上课。从一年级一班开始，采取轮班制。每个年级的外教老师都会精心准备符合学生年级特点和兴趣的主题给学生上课。

外教在每节课上会采用多样的上课形式，为学生提供真实的语言环境。培养学生的口语表达能力，帮助学生敢于开口去说英语。

总之，我校结合课程标准及英语核心素养中对学生的培养要求，针对不同年级学生的英语水平，开设不同的英语课程。着重强调对学生的语言应用能力及思维能力的培养，着眼于学生的长远学习发展。教师借助课程对学生进行充分引导，旨在充分发挥学生的主体作用，推动教师与学生之间的良性

互动，强化学生对于英语的学习兴趣，激发学生的英语学习积极性。从学校的角度为学生创设优良的英语学习氛围，让学生在潜移默化中接受英语学习的熏陶，架起沟通之桥，绽放语言之花，真正实现小学英语教育的目标。

（撰稿人：刘莉　彭珍　胡玲玲）

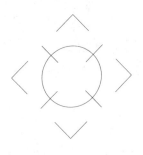

SMILE 英语：让每个学生微笑着学英语

合肥市蜀新苑小学英语教研组现有专职教师 4 人，一人获全国优质课特等奖，三人获市级优质课一、二等奖，组内教师撰写的论文多次获省市级一、二等奖。我校英语教研组以优良的学习品质和严谨的工作作风为学校英语课程开发提供了有力的保障，依据教育部《关于全面深化课程改革　落实立德树人根本任务的意见》以及《义务教育英语课程标准（2011 年版）》等，推进英语学科课程建设，取得了显著成效。

第一部分　学科课程哲学

一、学科性质观

《义务教育英语课程标准（2011 年版）》指出："义务教育阶段英语课程的主要目的是为学生发展综合语言运用能力打基础，为他们继续学习英语和未来发展创造有利条件。英语课程的核心目标是为孩子的全面发展和终身发展打下基础。"[①]

英语课程对学生的全面发展有非常重要的意义。学习英语不但有助于他们提高综合语言运用能力，而且可以帮助他们养成良好的思维品质。因此，我校英语课程的重点在于帮助学生培养英语学习的热情，提升学生英语表达

---

① 中华人民共和国教育部. 义务教育英语课程标准（2011 年版）［S］. 北京：北京师范大学出版社，2012：2.

能力，鼓励他们更自信地将英语运用于日常交流中。在这个不断学习的过程中，我们帮助学生形成乐观、独立、自信的人格特征和正确的人生观、价值观。

二、学科课程理念

我校英语课程在教学实践中顺应学生天性，通过资源联动、有效互动来激活课堂，让学生真学、乐学、会学。基于此，我校英语组提出以"SMILE 英语"为核心的英语学科课程理念。其中 S 代表 Student-centered，M 代表 Magical，I 代表 Interesting，L 代表 Love，E 代表 Enjoy。让学生通过体验和探索，轻松、愉悦地学习英语，具体诠释为以下意义：

S：Student-centered，以学生为中心。关注每个学生的个体差异，激发他们对学习的兴趣，保持对学习的热情，并帮助他们逐步建立自信。把微笑带进课堂，把良好的情绪带进课堂，和学生做朋友。

M：Magical，想象，创造。追求新颖、高效的教学模式和学习方法是时代的要求。通过激发孩子的好奇心，启发和引导他们发挥想象力，有远见地追寻有价值、有意义的语言学习。让学生享受学习成果，成为富有想象力和创造力的学习者。

I：Interesting，有趣。针对学生的身心发展特点，教师创设有趣、贴近生活的语言情境，利用悦耳动听的音乐、生动活泼的图片、妙趣横生的游戏等多种形式充分调动学生的情感、兴趣和态度，促进学生语言技能的发展。

L：Love，有爱。教师爱护学生，学生尊重老师。教师是洋溢幸福的教育者，学生是满心欢愉的学习者。教师与学生在轻松愉悦的氛围中，探寻知识的奥秘，共同体验，一起幸福成长。

E：Enjoy，参与，享受。开展英语活动，让学生参与进来，如 Reading Club、English Party、单词 Show 等，让学生在体验中理解语言、感悟语言，最终习得语言。

综上所述，我校"SMILE 英语"致力于让学生在轻松愉悦的语言学习环境中，勇于交流，乐于交流，最终感受到英语语言的魅力。

第二部分　学科课程目标

一、学科课程总体目标

《义务教育英语课程标准（2011年版）》中指出，义务教育阶段英语课程的总目标是："通过英语学习使学生形成初步的综合语言运用能力，促进心智发展，提高综合人文素养。"① 根据英语学科性质，结合"SMILE英语"课程理念，围绕语言能力、文化品格、思维品质和学习能力四个方面进行课程目标设置。

（一）语言能力目标

在"SMILE英语"课程的学习中，学生通过听、说、读、看、写形成语言意识和英语语感，掌握语言知识，并将所学知识融入真实情境，敢于与人交流，善于提出问题，发表自己的观点，表达自己的情感态度和跨文化价值观。

（二）文化品格目标

通过"SMILE英语"课程的学习，学生了解英语国家的地方风俗和传统习俗，提高对中外文化差异的认识和区别能力，并在英语文化氛围中掌握跨文化语言交际的能力。

（三）思维品质目标

"SMILE英语"课程学习倡导学生乐于表达、勇于发现和善于总结。在学习过程中，培养学生通过互相交流，分享信息，形成英语的思维习惯。

（四）学习能力目标

在"SMILE英语"课堂上，培养学生善于思考、乐于表达的良好素质；在"SMILE英语"主题节活动中，培养学生乐于探索、积极合作的卓越能力；在"SMILE英语"社团活动中，培养学生自由展示、相互欣赏的优秀品格，让学生保持学习英语的兴趣并乐在其中。

---

① 中华人民共和国教育部. 义务教育英语课程标准（2011年版）[S]. 北京：北京师范大学出版社，2012：2.

二、学科课程年级目标

基于英语课程总体目标，依托"SMILE英语"学科课程理念，确立我校系统化、连续化的英语课程体系目标，逐步实现对语言综合运用能力培养的总目标。这里以我校三年级为例，阐述年级课程目标的设计。（见表4-2-1）

表4-2-1　合肥市蜀新苑小学"SMILE英语"三年级课程目标表

学期	单元	基础性目标	拓展性目标
第一学期	Unit 1	1. 能够学会简单的打招呼用语、学习用具的英文表达法及用英语询问他人姓名，并在情境中熟练地运用句型。 2. 能够按顺序说出26个字母。 3. 能够学会跟别人打招呼，大方地介绍自己。 4. 渗透珍惜文具和喜爱学习的情感教育。	1. 通过"快乐ABC1"课程，初步渗透语音学习，了解字母发音规律。 2. 通过"Act time"课程，初步培养语音、语调、语感能力。 3. 通过"跳动词卡"课程，让学生积累日常词汇。 4. 通过"书写达人"课程，让学生养成正确的书写态度和注意字母大小写的格式。
	Unit 2	1. 能够学习有关颜色的单词及向别人表达问候和回应别人问候的表达法，并且学会在情境中运用句型。 2. 能正确听、说、读、写4个字母并知道其在单词中的发音。 3. 学会问候他人，向他人介绍朋友。 4. 能够建立单词音、义、形之间的联系，整体学习单词。	
	Unit 3	1. 能够掌握打招呼用语和问候语。 2. 能听、说、认读脸部五官和身体部位单词及建议去上学的表述。 3. 能正确听、说、读、写5个字母并知道其在单词中的发音。 4. 培养学生独立做事情的能力。	
	Unit 4	1. 能听、说、认读动物类单词并使用句型来询问和回答动物的名称。 2. 能正确听、说、读、写5个字母并知道其在单词中的发音。 3. 学会用"Cool！""I like it."表达赞美或欣赏。 4. 培养学生热爱动物、保护动物的意识。	
	Unit 5	1. 能够理解和表达一些饮食相关用语，并能够在实际情况下使用。 2. 能听、说、认读食品、饮料的有关单词，并能在日常生活中使用。 3. 能正确听、说、读、写6个字母并知道其在单词中的发音。 4. 培养学生在生活中养成文明礼貌的用餐习惯。	

学期	单元	基础性目标	拓展性目标
	Unit 6	1. 能听、说、认读数字 1—10 英文表达。 2. 能听懂、会说有关年龄的句型并在实际情景中进行运用。 3. 能正确听、说、读、写 6 个字母并知道其在单词中的发音。 4. 感受中西方文化差异。	
第二学期	Unit 1	1. 能够掌握向新同学介绍自己和他人的一些简单的用语。 2. 能够听懂、会说、认读国家的单词，了解不同国家的国旗、标志性建筑物以及代表性动物等，学习核心词汇和句型。 3. 能听、说、读、写含有元音字母 a 的闭音节单词，了解元音字母 a 在闭音节的发音规律。 4. 培养学生迅速适应新环境的能力。	1. 通过"快乐 ABC2"课程，进行语音学习，了解元音字母的发音规律。 2. 通过"打卡宝贝"课程，培养欣赏、学习、说唱英语的兴趣。 3. 通过"Game club"课程，让学生对中西文化有一个初步的了解，开阔眼界，培养他们的文化意识。 4. 通过"记忆能手"课程，让学生增加日常英语词汇量，体验学习英语的快乐。
	Unit 2	1. 能谈谈家庭成员的名字和称谓，学习如何介绍自己或别人，以及询问他人家庭成员的主要句型。 2. 能够听懂、会说感叹句，并能在实际情境中运用。 3. 能听、说、读、写含有元音字母 e 的闭音节单词，了解元音字母 e 在闭音节里的发音规律。 4. 培养学生对家庭的热爱。	
	Unit 3	1. 能够围绕话题"动物"，学习形容词大、小、长、短、高、矮等词汇，并能够用所学对动物的特征进行简单描述。 2. 能够听懂、会说表示赞叹的感叹句，并能在实际情境中运用。 3. 能听、说、读、写含有元音字母 i 的闭音节单词，了解元音字母 i 在闭音节里的发音规律。 4. 培养学生对动物的热爱。	
	Unit 4	1. 能够围绕话题"方位"，学习如何提问和回答物品所在位置及如何向别人借东西。 2. 能够学会区分方位词。 3. 能听、说、读、写含有元音字母 o 的闭音节单词，了解元音字母 o 在闭音节里的发音规律。 4. 培养学生互相关心、互相帮助的意识，养成讲礼貌的良好习惯。	

学期	单元	基础性目标	拓展性目标
	Unit 5	1. 能够围绕话题"水果",学习有关水果的单词,并学习询问、回答是否喜欢某种水果的表达方式。 2. 能初步了解一般疑问句及其答句的特征。 3. 能听、说、读、写含有元音字母 u 的闭音节单词,了解元音字母 u 在闭音节里的发音规律。 4. 鼓励学生尊重他人,乐于与人分享。	
	Unit 6	1. 能够围绕话题"数字",学习 11—20 这些数字的单词。 2. 能够掌握询问别人能看见多少样东西以及如何称赞别人东西的句型。 3. 能听、说、读、写 5 个元音字母,掌握 5 个元音字母在闭音节里的发音规律。 4. 培养学生热爱学习、坚持学习的优良品质。	

第三部分　学科课程框架

我校在开设"SMILE 英语"课程群时,根据学生的年龄特点,从语言能力、文化品格、思维品质、学习能力四方面,通过听视、演说、读玩、做写等手段,开设了三到六年级共 32 门课程。

一、学科课程结构

《义务教育英语课程标准(2011 年版)》中指出:"以语言技能、语言知识、情感态度、学习策略和文化意识等五个方面共同构成的英语课程总目标,既体现了英语学习的工具性,也体现了其人文性;既有利于学生发展语言运用能力,又有利于学生发展思维能力,从而全面提高学生的综合人文素养。"[①] 基于此,在英语学习的过程中,学生通过体验、参与、合作、实践等掌握英语知识和技能,提高语言实践能力和情感态度,形成自我学习的能力。我校英语课程从学习实践出发,分为听视、演说、读玩、做写四大板

---

① 中华人民共和国教育部,义务教育英语课程标准(2011 年版)［S］. 北京:北京师范大学出版社,2012:12.

块，系统地构成了"SMILE 英语"课程。（见图 4 - 2 - 1）

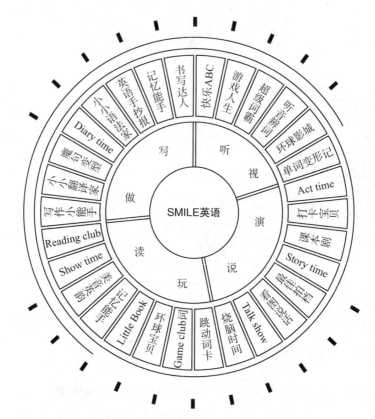

图 4 - 2 - 1　合肥市蜀新苑小学"SMILE 英语"课程结构图

二、英语课程设置

围绕着"让每个学生微笑着学英语"的学科理念，除了国家课程之外，我校英语课程以年级为纵向，以学科课程为横向，设置了英语课程框架表。（见表 4 - 2 - 2）

表 4 - 2 - 2　合肥市蜀新苑小学"SMILE 英语"课程设置表

学段 \ 课程		听视	演说	读玩	做写
三年级	第一学期	快乐 ABC1	Act time	跳动词卡	书写达人
	第二学期	快乐 ABC2	打卡宝贝	Game club	记忆能手

学段	课程	听视	演说	读玩	做写
四年级	第一学期	游戏达人	课本剧	环球宝贝	英语手抄报
	第二学期	超级词霸	Story time	Little book	小小语法家
五年级	第一学期	听音辨词1	最佳拍档	记忆能手	Diary time
	第二学期	听音辨词2	看图说话	美音英韵	魔句变型
六年级	第一学期	环球影城	Talk show	Show time	小小翻译家
	第二学期	单词变形记	烧脑时间	Reading club	写作小能手

第四部分　学科课程实施

　　义务教育阶段的英语课程应彰显主体性、趣味性和乐享性的原则。学校开展了快乐、高效、多样化的英语课堂活动，开发呈阶梯状的课程体系，进而培养学生听、说、读、写的综合语言运用能力。

一、打造"SMILE 英语"课堂，推进学科课程实施

　　"SMILE 英语"课堂是一种以学生为主体，创造性与趣味性相结合，让学生爱上英语并享受英语的课堂。

　　"SMILE 英语"课堂以英语课程标准为基础，以激发学生学习兴趣为准则，结合教师自身教学实践，运用多样化的教学方法和多元评价措施，突出学生主体，尊重个体差异，倡导互动学习，促进学生发展，让学生体会语言学习的快乐。因此，我们提炼出以下关键词：学生主体、趣味、乐享。

　　倡导学生主体（Student-centered）式教学。课堂上通过开展快乐 ABC、little book、最佳拍档等活动，让学生在自我探索中自然习得、畅所欲言，达到对知识的理解和运用。

　　倡导趣味（Interesting）式教学。课堂上，通过开展游戏达人、 Story time、 Talk show 等活动，激发学生的学习兴趣和欲望，促进学生认知能力、思维能力的发展。

　　倡导乐享（Enjoy)式教学。课堂上，通过开展烧脑时间、环球影城、英

语手抄报等活动，借助悦耳动听的音乐、生动活泼的图片、妙趣横生的游戏，直观的动画、视频等，促进学生语言技能的发展，让学生在享受课程学习的过程中提升兴趣、开阔视野、增长知识、发展智力和塑造性格。

二、倡导"四维学习"，培养良好的英语学习习惯

"四维学习"就是从听（listening）、说（speaking）、读（reading）、写（writing）四个方面循序渐进地培养学生英语学习的主动性、持续性以及良好习惯。"四维学习"的基本要求：

1. 指导学生学会"听"。语言学习，从听开始。我们从三、四年级的快乐 ABC、游戏达人到五、六年级的听音辨词、环球影城等课程中都侧重引导学生的听力练习。

2. 引导学生要多"说"。英语学科的学习要引导学生大胆说，主动说。我校课程设置的 Talk show、Act time、Reading club 都注重训练学生的语言运用能力。教师在课程实施中努力创设真实有趣的情境，引导学生结合实际情况大胆用英语表达，并结合游戏教学，真正给学生提供口语训练、交际的平台。

3. 鼓励学生要乐"读"。语言需要大声地读出来。三、四年级鼓励学生张口读，跟着音频模仿读以及同伴合作竞赛读，从读中培养学生学习英语的乐趣。五、六年级鼓励学生主动阅读，掌握阅读技巧，提高阅读速度，培养学生的阅读能力。我校开设的英语课程 Reading club、Talk show、Little book、Game club、打卡宝贝、Story time 都以鼓励学生乐读、会读为重点。

4. 教会学生学会"写"。在小学英语阶段，要求学生正确地书写字母、句型、问候语、祝福语，以及各种主题的短文。"四维学习"设置了书写达人、Diary time、写作小能手等课程，分阶段、有侧重地指导学生书写，提升语言技能。

三、设立"SMILE 英语"主题节，激发学生英语学习兴趣

为了让学生在活动中、游戏中展示说英语、用英语的能力，培养学生的合作创新精神，达到学以致用的目的，学校设立"SMILE 英语"主题节，以

"生动活泼""想说敢说""动手动脑"为活动原则让学生走出课堂，给学生提供一个学英语、用英语的环境，让学生爱学英语，乐学英语。

学校创设一系列的 mini class、 mini 写作、 mini 书法、脱口秀、 mini 演讲台等活动，利用课前五分钟、微课群分享等方式来完成。

同时，结合英语学科的跨文化意识和中西文化差异，开展不同类型的英语课外活动。在坚持每日听读的基础上，每学期开展相对应的主题活动，感恩寄语、端午节手工、春节故事等，激发学生学习英语的兴趣，提高学生的听、说、读、写能力，丰富校园文化生活，让学生在英语活动中体会到学英语、用英语的快乐。

四、建立"SMILE 英语"社团，享受英语学习的快乐

学校成立了英语绘本阅读社团、英语课本剧社团、英语口语社团，以激发学生学习英语的兴趣并提高他们的综合语言能力。社团活动主要内容有绘本朗读训练、表演英语小短剧、英文歌曲、自由对话、交流日常口语、创编对话表演，充分利用活动资源进行训练。

我校成立了绘本阅读社团、英语课本剧社团、英语口语社团等众多优质英语学习社团，为孩子们提供多样化的自由展示空间，享受英语学习带来的快乐。

1. 实施英语绘本阅读社团课程。通过校园广播、宣传板、黑板报、手抄报等形式，对英语绘本阅读的活动意义、内容等进行多方位宣传，使学生在潜移默化中受到感染；通过建立班级图书角，推荐适合学生阅读的课外书籍，指导学生进行课外阅读；通过校本课程成果的汇报，推出绘本阅读中的优秀参与者并进行表彰。

2. 实施英文课本剧社团课程。英语课本剧社团在校内外开展活动，为学生搭建一个展示自我风采的平台。通过排练课本剧，发展学生感知语言的能力和创新的能力。通过表演课本剧，锻炼学生的语言表达能力和舞台表现力；通过课本剧比赛，培养学生与他人合作的能力，提高学生的综合素质。

3. 实施英语口语社团课程。通过召集社团成员，明确社团的性质和内容，提出注意事项，给每位社团成员一个用英语进行自我介绍的展示机会；通过语音、语气、阅读和身体（包括眼睛、表情、手势、站立姿势等）的训

练，培养他们的口头表达能力。

总之，"SMILE 英语"课程注重学生的情感和智力培养，帮助学生从多角度理解英语语言的多样性，有效提升了学生的综合语言运用能力。学生们在课程活动中充分展现潜能和个性，彰显才华和天赋，培养自信和乐观等优良品质。

（撰稿人：王丽　夏静　李敏　鲍莎莎）

第五章

学科课程实施：语言的习得性与文化的熏染性

基于学科课程性质的内在规定性与本质要求，学科课程实施需兼顾语言的习得性和文化的熏染性。语言的习得性体现为课程实施应注重学生学习与应用基础知识与基本技能，文化的熏染性体现为实施中应重视提高学生综合人文素养，促进学生了解各国文化，形成跨文化交际能力，并传承文化内涵。

课程性质作为课程与教学论的一个基本问题，从根本上决定了课程目标的设定与课程实施的形态。① 鉴于英语学科课程的工具性和人文性的双重性质，英语学科课程实施需兼顾语言的习得性和文化的熏染性。语言的习得性表现为课程实施中应注重学生基础知识与基本技能的学习与应用，培养学生基本语言素养和提高学生思维能力。英语有其实用性，它是人们进行言语交际的工具，为了实现交际，学生必须进行基本语言知识和技能的学习。文化的熏染性表现为课程实施中应注重提高学生综合人文素养，开拓其视野，促其了解各国文化，形成跨文化意识、跨文化交际能力，传承文化内涵。学生通过英语课程进行跨学科学习，拓展国际视野，增强爱国意识，为终身发展奠定基础。语言和文化密不可分，二者相互统一，互为促进。英语语言反映了特定的文化，习得语言必须了解文化，文化的熏染也离不开语言的习得。在实施过程中，应防止两种偏向，既不能偏重语言学习，也不能偏重文化熏染，而应将语用能力的培养与文化因素贯穿于课程实施始终，促进教学效果产生最大阈值。

合肥市金湖小学的"Sunny English：充满阳光的英语学习"以集体备课、常规管理、问题研究、课堂展评等方式深入推进课程实施，打造"Sunny English"课堂，有效地将语言习得机制引入语言学习，在活动中帮助学生习得英语语言知识和技能，建立起以学生为中心的良好的语言学习环境，促进英语教学。通过举办"Sunny English"英语节，营造一种轻松活跃的氛围，让学生感受不同国家传统节日的魅力，领略各国文化差异，了解中西方文化的真正内涵，并最终形成跨文化意识和跨文化交际能力。

合肥市凤凰城小学的"童趣英语：让快乐撒满英语学习的每个角落"围绕儿童的心理、年龄特征和兴趣爱好，始终坚持从一个"child"的兴趣点和关注点来实践课程，打造"童趣英语"课堂并开展特色"童趣330课程"，在听、说、读、写、玩、演中帮助学生习得语言并取得技能。该校开展的"童趣英语节"形式多样、内容丰富，针对不同年级

---

① 郝成森. 义务教育英语课程性质检讨（1949～2012）［J］. 当代教育理论与实践. 2013，5（3）：65.

的学生，采用不同的方法，将文化融入节日中，在校园里营造爱学英语、趣学英语的良好文化氛围，学生在此氛围的熏染下更好地习得语言。

（撰稿人：聂燕燕）

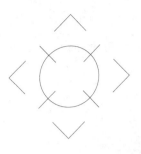

Sunny English：充满阳光的英语学习

合肥市金湖小学英语教研组是一支充满活力、团结协作、和谐向上的团队。现有英语教师 8 人。多人在合肥市、蜀山区优质课、"聚焦课堂"、"教学新秀"等各级各类教学评比中获得一、二等奖，所辅导的学生多次在各类英语比赛中获得优异成绩。我校英语组依据教育部《关于全面深化课程改革 落实立德树人根本任务的意见》和《义务教育英语课程标准（2011 年版）》等，推进英语学科课程建设，取得了显著成效。

第一部分　学科课程哲学

一、学科价值观

《义务教育英语课程标准（2011 年版）》指出："义务教育阶段的英语课程具有工具性和人文性双重性质。"[①] 英语首先是语言学科。为此，英语教学的工具性目标注重语言技能和语言知识，让学生通过听、说、读、写等综合方面的语言实践活动去学习、积累、应用英语，丰富情感，发展英语语言能力，培养良好的心理品质和思想道德品质。英语教学的人文目标其实也正是其育人价值的体现，强调发展学生的自主学习能力、合作能力、探究能力和交际能力，学生通过英语课程能开阔视野，丰富生活经历，形成跨文化意

---

① 中华人民共和国教育部. 义务教育英语课程标准（2011 年版）［S］. 北京：北京师范大学出版社，2012：1.

识，增强爱国主义精神，发展创新能力，形成良好的品格和正确的人生观与价值观，为终身发展奠定基础。

二、学科课程理念

　　基于英语学科性质，结合英语学科核心素养，我校制定了"Sunny English"课程群，即以课本为依托，结合丰富的课外资源，如英语歌曲、英语故事、英语绘本、英语电影戏剧等，通过国家课程和校本课程的有效整合，实现学生对英语的深度学习。"Sunny English"每个字母代表的含义如下：

　　S—Savvy 有见识的。英语既是工具性学科，也是人文性学科。英语学习还可使学生在中国文化与国外文化的双向沟通与交流中，养成多元文化素养与尊重各种文化的意识与态度。学生不但掌握语言知识，更能增长见识。

　　U—Unbounded 无尽的。"授之以鱼不如授之以渔"，重视学生自主学习的能力，在英语教学的过程中，需要能够对学生的自学能力给予更多的关注，培养学生进行自学的能力，最终达到终身学习的能力。

　　N—Neat 有序的。我校英语课程体系根据语言学习的规律和义务教育阶段学生的发展需求，结合英语学科核心素养，从语言能力、思维品质、文化意识和学习能力四个方面，设计课程总体目标和分级目标，规范有序。

　　N—Natural 自然的。针对学生的身心发展特点，教师可以创设情境，通过悦耳动听的音乐、生动活泼的图片、形式多样的游戏等手段充分调动学生情感。《义务教育英语课程标准（2011 年版）》指出，"基础教育阶段英语课程的任务是激发和培养学生英语学习的兴趣，使学生树立信心"。因此我们的英语课堂从学生的兴趣入手，使学生在快乐的氛围中自然地完成学习。

　　Y—Young 青春的。"Sunny English"课程强调以学生为主体，是学生个性得到培育与发展的课程，也是思维能力、创造能力得到最大限度提高的课程。除了把握教材内容之外，教师把眼光延伸到生活当中，尝试从生活中寻找生活化的学习内容，学生接受起来也会相对容易很多。

第二部分　学科课程目标

　　《义务教育英语课程标准（2011 年版）》指出，"义务教育阶段英语课程的总目标是：通过英语学习使学生形成初步的综合语言运用能力，促进心智发展，提高综合人文素养。综合语言运用能力的形成建立在语言技能、语言知识、情感态度、学习策略和文化意识等方面整体发展的基础之上。语言技能和语言知识是综合语言运用能力的基础；文化意识有利于正确地理解语言和得体地使用语言；有效的学习策略有利于提高学习效率和发展自主学习能力；积极的情感态度有利于促进主动学习和持续发展。这五个方面相辅相成，共同促进学生综合语言运用能力的形成与发展"。①

基于核心素养对学生不同维度的要求，我校英语组以学生为主体，以提高学生综合语言运用能力和发展学生思维能力为主要思想，创设"Sunny English"课程群，从语言能力、思维品质、文化意识和学习能力四个目标来分层落实。

一、学科课程总体目标

为实现课程目标，结合"Sunny English"课程理念，我校英语组围绕语言能力、思维品质、文化意识和学习能力四个方面，进行课程目标的设置。语言能力是英语学科核心素养的基础，主要包括听、说、读、写等方面的技能以及这些技能的综合应用。通过"Sunny English"课程，设置广泛的课程内容，创设快乐、和谐的学习氛围，从而更好地达成目标。思维品质是英语学科核心素养的提升，主要包括深刻性、灵活性、独创性、批判性、敏捷性和系统性六个方面。教师应根据学生的实际情况，积极挖掘，运用多种手段对学生进行训练，培养学生的优秀思维品质。语言学习与文化意识的形成是相辅相成的。在学习英语的过程中，接触和了解国外文化有益于对英语的理解和使用，有益于加深对中华民族优秀传统文化的认识与热爱，有益于接受先进文化的熏陶，有益于培养国际意识。学习能力是个体从事学习活动所具备的心理特征，是顺利完成学习活动的各种能力的组合。通过"Sunny English"课程的实施和开展，引导学生掌握科学的学习方法，培养其良好的学习能力。随着学习能力的增强，又能反过来对其他核心素养的培养起到助

---

① 中华人民共和国教育部. 义务教育英语课程标准（2011 年版）[S]. 北京：北京师范大学出版社，2012：1.

推作用，使之得到更好的发展。

二、学科课程年级目标

结合英语学科课程总体目标，充分考虑语言学习的渐进性和持续性，我校制定了各年级"Sunny English"课程目标。这里以六年级为例，阐述年级课程目标的设计。（见表5-1-1）

表5-1-1　合肥市金湖小学"Sunny English"六年级课程目标表

学期	单元	基础性目标	拓展性目标
第一学期	Unit 1	1. 能掌握本单元的单词并熟练运用。 2. 掌握问路与指路的主要句型，并准确熟练地运用于实际交流中。 3. 通过语言学习以及多种形式的交际活动，形成良好的语言交际能力。	1. 通过"耳视目听"课程，让学生在英语歌曲、视频等真实的情境中加大语言输入，增强语感。 2. 通过"影视大咖"课程，让学生对原声电影片段进行模仿和表演，不断培养语感。 3. 通过"琅琅书声"课程，让学生由浅入深接触到更多阅读材料，培养学生阅读技巧，激发阅读兴趣。 4. 通过"下笔成篇"课程，让学生仿写、续写教材及绘本中的故事、对话，提升思维品质。 5. 通过"初探世界"课程，让学生了解中外文化差异，加深对英语的理解和使用，培养国际意识和文化自信。
	Unit 2	1. 能掌握本单元的单词并熟练运用。 2. 掌握谈论交通出行的主要句型并能准确熟练地运用于实际交流。 3. 培养学生良好的语言交际习惯和交通安全意识。	
	Unit 3	1. 能掌握本单元的单词并熟练运用。 2. 掌握一般将来时的用法并加以运用。 3. 能在真实的语境中讨论简单的活动计划。 4. 初步了解英语国家的简单文娱活动。	
	Unit 4	1. 能掌握本单元的单词并熟练运用。 2. 能用课文语言询问和简单介绍他人的兴趣爱好。 3. 掌握动词的三单形式和动词-ing形式及其一般变化规律。 4. 了解世界各国不同的风土人情，培养学生的跨文化交际意识。	
	Unit 5	1. 能掌握本单元的单词并熟练运用。 2. 掌握询问职业、工作地点和出行方式的主要句型，并准确熟练地运用于实际交流。 3. 能向他人介绍和回答自己和朋友的基本情况，包括职业、工作地点、出行方式等。 4. 能对相关的职业有正确认识，初步形成职业理想。	

学期	单元	基础性目标	拓展性目标
	Unit 6	1. 能掌握本单元的单词并熟练运用。 2. 掌握询问和表达情绪感受的主要句型，针对不同的情景提出适当的建议。 3. 培养学生乐于助人、关爱他人的品质。 4. 了解西方国家的人在不同情景中如何表达不同的感受，并在情景中体会中外交际习俗的差异。	
第二学期	Unit 1	1. 能掌握本单元的单词并熟练运用。 2. 掌握本单元形容词变比较级和最高级的三种常见方法。 3. 能询问和简单介绍人物的身高、年龄、体重或事物的长度及尺寸并比较。 4. 学会用英语思考，增强用英语与他人进行沟通的能力。	1. 通过"耳视目听"课程，加大语言输入，增强语感。 2. 通过"影视大咖"课程，不断培养语感。 3. 通过"琅琅书声"课程，培养学生阅读技巧，激发阅读兴趣。 4. 通过"下笔成篇"课程，提升学生思维品质。 5. 通过"初探世界"课程，让学生了解中外文化差异，加深对英语的理解和使用，培养国际意识和文化自信。
	Unit 2	1. 能掌握本单元的单词并熟练运用。 2. 了解基本的动词过去式的用法，掌握过去式的变化规则和重点句型，并用于日常表达。 3. 能在真实的语境中，进行相关话题的初步交际活动。	
	Unit 3	1. 能掌握本单元的单词并熟练运用。 2. 掌握基本的动词过去式的用法，掌握过去式的不规则变化和重点句型，并会用于日常表达。 3. 能在真实的语境中简单讨论去过哪里及做过什么。 4. 了解中西方假期活动文化的异同，发展跨文化交际意识。	
	Unit 4	1. 能掌握本单元的单词并熟练运用。 2. 能掌握 there be 句型的过去时和现在时。 3. 能进一步运用一般过去时和一般现在时对过去和现在进行简单的表达。 4. 通过本单元的学习，回顾生活中的经历，体验并表述情感状态。	

第三部分 学科课程框架

英语是基础教育阶段的必修课程。英语课程的学习，既是学生通过英语学习和实践活动，逐步掌握英语知识和技能，提高语言实际运用能力的过程，又是他们磨砺意志、陶冶情操、拓展视野、丰富生活经历、开发思维能力、发展个性和提高人文素养的过程。

一、学科课程结构

《义务教育英语课程标准（2011 年版）》指出，"就工具性而言，英语课程承担着培养学生基本英语素养和发展学生思维能力的任务。就人文性而言，英语课程承担着提高学生综合人文素养的任务。"[1] 依据"让英语学习充满阳光"理念，结合我校教学实际及英语学科特点，我们构建了"Sunny English"课程，包括乐听、趣说、悦读、畅写、综合五大板块，每一板块都包含语言能力、思维品质、文化意识和学习能力四个维度。"Sunny English"课程结构图如下。（见图 5-1-1）

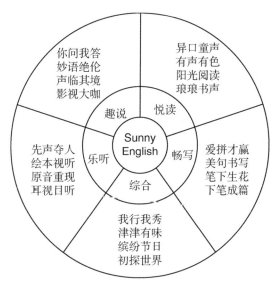

图 5-1-1　合肥市金湖小学"Sunny English"课程结构图

上图中各板块课程具体表述如下：

乐听:要学会一种语言，第一步就是听。只有"声"临其境，置身于语言环境之中，才能收到良好的学习效果。"Sunny English"课程设置了形式多样、内容丰富的英语视听课程，让学生在大量的语言输入中产生兴趣并获得知识。

---

[1] 中华人民共和国教育部. 义务教育英语课程标准（2011 年版）［S］. 北京：北京师范大学出版社，2012：1.

趣说:语言的作用是为了交际,听是接收语言的表现,说则是思维表达的体现。在英语课堂内外,引导学生大胆说、主动说。通过创设情境,激发学生表达的欲望,提升他们的思维表达能力。

悦读:读的形式多种多样,如朗读、默读、精读、泛读等。低学段学生朗读所学句型、课文,可以培养英语学习的兴趣和自信。中高学段通过分级读物逐步培养阅读能力和英语语感。阅读更可使学生了解西方风俗文化,开阔眼界。

畅写:写是输出语言的表现形式,通过文字表达思想,然后进行交际活动。小学阶段,要求学生正确书写字母、常用的标点符号、简单的问候语和祝福语、简单的文段和短文。我校课程设置由易到难,循序渐进,增强学生自信,提升语言技能。

综合:通过英语动画、电影、纪录片及多元化、多主题的社团活动等载体,让学生通过多种途径了解所学语言国家的历史地理、风土人情、传统习俗、生活方式,帮助学生拓展视野,提高跨文化交际能力。

二、学科课程设置

依据我校"让英语学习充满阳光"的学科课程理念,针对不同年级学生的特点,除了基础课程之外,通过各种资源、形式,循序渐进地设置各类拓展课程,"Sunny English"课程设置表如下。(见表5-1-2)

表5-1-2　合肥市金湖小学"Sunny English"课程设置表

学段	课程	乐听	趣说	悦读	畅写	综合
三年级	第一学期	先声夺人	你问我答	异口童声	爱拼才赢	我行我秀
	第二学期	先声夺人	你问我答	异口童声	爱拼才赢	我行我秀
四年级	第一学期	绘本试听	妙语绝伦	有声有色	美句书写	津津有味
	第二学期	绘本试听	妙语绝伦	有声有色	美句书写	津津有味
五年级	第一学期	原音重现	声临其境	阳光阅读	笔下生花	缤纷节日
	第二学期	原音重现	声临其境	阳光阅读	笔下生花	缤纷节日
六年级	第一学期	耳视目听	影视大咖	琅琅书声	下笔成篇	初探世界
	第二学期	耳视目听	影视大咖	琅琅书声	下笔成篇	初探世界

第四部分　学科课程实施

课程实施应力求面向全体学生，促进学生综合语言运用能力和整体人文素养的提高。评价是英语课程的重要组成部分，是实现课程目标的重要保障。实施与评价都是持续的过程，是相伴共生的。基于此，我校构建了"Sunny English"课程，通过科学的实施和评价，全面提升学生的英语水平。

一、打造"Sunny English"课堂，推进学科课程实施

课堂是课程实施的主阵地，学校以集体备课、常规管理、问题研究、课堂展评等方式为抓手，深入推进"Sunny English"课程实施。

1. 强化课程管理，创设英语交际氛围。围绕课程目标，上好每节英语课。强化集体备课、听评课、课堂管理、作业辅导等教学常规管理。同时设立校园英语文化节和英语社团，不断创设并完善英语环境与氛围，提高学生的学习兴趣，使每位学生都参与教学活动，都有获得成功的机会。

2. 优化教学模式，提高教学效率。课堂教学是小学生学习英语的主要途径，课堂应该成为妙趣横生的学堂，应该让我们的课堂"活"起来，让学生在学堂中充满激情、积极思考，真正成为学习的主人，这样的课堂教学才有意义和效果。

3. 活用教学资源，拓展学生的学习渠道。学校坚持"问题引领教科研一体化"的研究思路，推动课堂改革。任课教师对收集到的资料进行加工，不受传统教学模式的限制和束缚，大胆创新修改，采用更加真实的、贴近学生生活的话题，激发学生兴趣，提高教学效率。

4. 开展绘本阅读，享受英语阅读乐趣。绘本的介入，为学生提供了大量的语言知识，能够给孩子提供学习英语的真实生活情境和丰富的词汇，能协助发展孩子的语言能力。通过绘画和文字两种媒介，在不同的维度上交织，从而让孩子享受阅读的快乐。

5. 举行课堂展评，实现师生共同成长。学校依据教师专业发展的实际需要，定期举行不同类型的课堂教学展评活动，如公开课、骨干教师展示课、

参赛教师磨课等活动，为教师搭建相互学习、交流、研讨的平台，促进教师对"Sunny English"课堂内涵的理解，并促进"Sunny English"课堂向着更高层次发展。

二、倡导"Sunny English"学习，培养良好的英语学习习惯

"Sunny English"课程倡导"让英语学习充满阳光"。我们认为，英语学习应该是自主的、可持续的、有趣的。"Sunny English"学习强调培养学生对英语的积极主动的学习态度以及持续性的学习兴趣。从学生学习方面来说，要养成及时预习、复习、认真听课等良好的学习习惯；从教师教学的方面来说，要注重学生自主学习能力的培养。

1. 强调课前预习，培养学生的自学习惯。陶行知说过："教，是为了不教。"良好的学习习惯和有效的学习技能是学生自主学习的前提，同时也是实现"教"与"不教"的媒介和纽带。课前预习作为教学中的一个重要环节，是学生有效地改变自我认知的前提条件。对新知识的学习和掌握做相应的准备，增强学习的自信心，提高学习兴趣，学习积极性也会随之提高。

2. 培养学习兴趣，激发学生的自主学习意识。学习动机分为内在动机和外在动机，内在动机是指人们对学习本身的兴趣所引起的动机，而外部动机则指人们由外部诱因所引起的动机。为此，教师需灵活运用各种途径，如课件、趣味故事、歌曲童谣、电影动画等增加学生的学习兴趣。

3. 在课堂中激励、强化学生的主体意识。让学生意识到自己是课堂的主体，使他们充分扮演好自己的主人翁角色，积极主动地参与到课堂教学的各个环节中。在课堂上为学生创设各种参与课堂的机会可以很好地增强学生的信心和学习主动性。教师应该积极调动学生的课堂参与积极性，增加他们的自信，让他们相信自己在没有教师督导时，可以自己摸索学会很多知识，为增强自主学习能力打下心理基础。

4. 创设自主学习的环境，形成自主学习与探究的氛围。建立民主平等的师生关系，营造学生自主学习的氛围。教师在课堂上不但要有亲和力、感染力，而且要参与到学生中去，与学生一起表演，成为学生们的玩伴，才能使学生解除思想包袱，尽情地表现自己，发挥其聪明才智和想象力，整个课堂就成为自主、热闹的学堂。

5. 提倡自主合作的学习方式。在平时的教学过程中，组织学生开展小组性的活动，激发学生学习英语的积极性和主动性，形成良好的英语学习氛围。各项活动的开展都离不开老师的精心设计。活动面向全体学生，使学生在不断的练习中体验成功的喜悦，从而激发学习热情，树立信心，进而帮助学生形成学习的内在动力。

6. 重视复习的作用，提高学习效率。复习是学习过程中的重要一环，它不仅使所学知识系统化，而且加强了对知识的理解、巩固与提高，也可弥补知识的缺陷，使基本技能进一步熟练。

三、举办"Sunny English"英语节，激发学生英语学习兴趣

世界各国传统节日是世界各国人民在生产和生活中，根据需要而共同创造的一种民俗文化，是世界民俗文化的重要组成部分。"Sunny English"英语节融合了中西方国家具有纪念意义的节日，通过节日庆祝活动的开展，锻炼学生的独立能力和团队协作能力，开阔学生的眼界，培养学生的国际意识和爱国情怀。

"Sunny English"英语节既包括中国传统节日中的中秋节、国庆节等，也包括西方的传统节日，同时还包括依据学校特色课程而设立的校园特色节日。各节日按时间顺序（寒暑假除外），依次开展。既弘扬了中华民族优秀传统文化和校园学科文化，又普及了西方传统文化的知识。通过开展丰富多彩的节日活动，使学生感受中西方文化的真正内涵及其差异。具体节日活动安排表格如下。（见表5-1-3）

表5-1-3 合肥市金湖小学"Sunny English"英语节活动设置表

时间	节日	主题	活动实施	特色课程	年级
9月	中秋节	庆团圆	阖家团聚	我行我秀	三年级
10月	国庆节	庆华诞	我爱祖国美文活动	爱拼才赢	三年级
11月	介绍西方节日文化	心怀感恩	写感谢信，向师长、亲友表达感恩之情	美句书写	四年级
12月	介绍西方节日文化	最美礼物	自制礼物送亲友	风俗礼仪	四年级
1月	新年	庆新年	跨年晚会	缤纷节日	全年级

时间	节日	主题	活动实施	特色课程	年级
3月	植树节	我爱地球	环保主题海报制作	笔下生花	五年级
4月	介绍西方节日文化	绘彩蛋	制作复活节彩蛋，互相赠送	阳光阅读	五年级
5月	母亲节	我爱母亲	看一部关于母爱的电影	影视大咖	六年级
6月	儿童节	欢庆六一	欢庆六一，毕业赠言	下笔成篇	六年级

四、建立"Sunny English"社团，沉浸英语氛围，享受学习快乐

"Sunny English"社团活动是对课堂教学的有效延伸，也是营造趣味英语环境的重要途径。我校英语社团主要通过欣赏经典英语动画电影和配音，让学生能够从中获得轻松、愉悦的语言学习体验，并从英语交流中增进对英语文化、英语知识、情感等的认识，进而激发学生对英语的学习热情并提高英语学习的兴趣。

"Sunny English"社团包括"先声夺人"和"声临其境"等内容，其中"先声夺人"主要针对三、四年级学生，通过英语电影让学生感知英语的趣味性，感受中西方文化差异，拓宽视野，积累常用词汇和简单的口语句型，并能总结出故事情节蕴含的道理。"声临其境"和"影视大咖"分别面向五、六年级学生开展，使学生在观看英语电影过程中，感受英语的独特魅力，掌握有趣经典的英语句子，并能通过模仿配音的方式再现剧情，为学生展示英语提供了很好的平台。某学期电影内容安排如下。（见表5-1-4）

表5-1-4　合肥市金湖小学"Sunny English"社团电影安排表

周数	电影名称
第1—3周	里约大冒险1（Rio）
第4—6周	赛车总动员1（Cars）
第7—9周	疯狂动物城（Zootopia）
第10—12周	宝贝老板（Boss baby）
第13—15周	头脑特工队（Inside Out）

总之，"Sunny English"英语设置是以语言能力、思维品质、文化意识和学习能力四个维度为核心的英语课程，在课程实施过程中通过"乐听、趣说、悦读、畅写、综合"五大板块以及英语节和社团等多样化活动，鼓励学生主动参与，倡导学生主动探究和交流合作，让学生在充满阳光快乐的英语氛围中成为学习的主人，为学生的终身发展奠定坚实的基础。

（撰稿人：魏明新　许慧　李苗苗　付华）

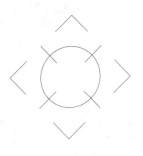

童趣英语：让快乐撒满英语学习的每个角落

　　合肥市凤凰城小学现有英语专职教师 5 人，拥有市级教坛新星 1 人、区级优秀教师 1 人、区级师德标兵 1 人。我校英语教研组认真开展教研活动，积极参加市、区教育主管部门组织的各类教科研活动，多次在省市区各级评比课、基本功大赛、论文评比中获奖。我校英语组依据教育部《关于全面深化课程改革　落实立德树人根本任务的意见》和《义务教育英语课程标准（2011 年版）》等文件精神，把激发兴趣摆在英语课堂教学的突出位置，推进英语学科课程建设，取得了显著成效。

第一部分　学科课程哲学

一、学科性质观

　　《义务教育英语课程标准（2011 年版）》指出："义务教育阶段英语课程的主要目的不是让学生掌握海量词汇和晦涩难懂的语法，而是让学生初步掌握英语学习时应遵循的普遍性方法、步骤和规律，为今后提升各种语言学习、运用能力做好铺垫，为将来"睁眼看世界"打下良好基础。"①

　　英语课程既是一门工具类学科，也是一门人文类学科。在教学过程中不仅要始终把握工具性和人文性的双重性质，让学生掌握基本的英语听、说、

---

① 中华人民共和国教育部. 义务教育英语课程标准（2011 年版）［S］. 北京：北京师范大学出版社，2012：1.

读、写技能，初步形成用英语与他人交流的能力，解决好"知学"和"会学"的问题；还要紧扣义务教育阶段学生的认知能力、行为习惯、心理特征，让学生在外语学习的背后，感受到不一样的风土人情、历史传统和趣闻轶事，满足这个阶段学生对未知世界的好奇心，解决好"愿学"的问题。基于此种考虑，开展童趣教学，有利于提高学生学习英语的积极性和主动性，有利于激发学生对东西方世界文明的探索欲，有利于培养学生全球性视野、开放性思维。

二、学科课程理念

我校英语学科在不断的教学实践中摸索出"让快乐撒满英语学习的每个角落"的课程理念，注重围绕儿童的心理、年龄特征和兴趣爱好，始终坚持从一个"Child"的兴趣点和关注点来加强教学设计和实践，让每个孩子都觉得英语学习照进他们的现实生活，满足他们的兴趣爱好。"Child"这个单词界定了义务教育对象的范围，基于此，我校提出以"童趣英语"为核心的英语学科课程理念。

C—Clean（纯洁的）：儿童的内心是纯洁的、善良的，他们眼里的世界是洁净的、美丽的。因此，在这一阶段的英语课程教学中，应始终坚持倡导正能量、弘扬主旋律，多宣传正面的、阳光的、积极的内容，不要把反面的、阴暗的、消极的因素带上课堂，保留他们内心的纯真与美好。

H—Happy（愉快的）：愉快是童年的底色和基调。只有在轻松愉快的场合和氛围中，儿童才能积极主动地学习新知识、接受新事物。儿童有思维活跃、活泼好动、有意注意时间短等特点，如果在英语课程教学中，只注重记单词、背课文、学语法，让学生始终有一种"被赶着往前走"的被动和焦虑，感受不到轻松和愉快，是不可能学好英语的。在小学阶段的英语教学中，必须转变过去灌输式、指令式的教学方式，尽可能采取互动式、启发式、引导式的教学方式，让学生在轻松愉快的氛围中学习英语。

I—Interesting（有趣的）：兴趣是最好的老师，英语学习也概莫能外。单词和语法是构建整个英语语言大厦的基石，是英语学习不可逾越的基础环节，也是义务教育阶段教师教学、儿童学习最头疼的内容。作为英语教师来说，就要扮演好"编剧"和"导演"的角色，精心设计载体和桥段，通过讲故事、做游戏、猜谜语、赢积分等各种能想到的办法，把枯燥乏味的记单词、背课文、学语法转变为小学生觉得有趣、愿意去做的事情，就能达到事半功倍的效果。

L—Little（小的）：对小学生来说，要求他们高站位、大格局、宽视野，为时尚早。他们的目光和注意力往往集中在细小的、具体的、不起眼的小事小节上。这就要求英语老师抓住孩子的这一特点，始终从孩子的角度看问题，从小处着眼，从细处发力，把知识点讲清楚，同时还要把"小事情"中所蕴含的"大道理""大文章"说明白，在潜移默化中提升孩子以小见大、见微知著的能力。

D—Daily（日常的）：与现实生活同频共振，激发学生认同和共鸣，是引导学生学好英语的不二法门。小学生社会阅历较浅，犹如一张白纸，如果在英语教学中总是讲一些阳春白雪、曲高和寡的"高大上"内容，脱离学生的日常生活，加之英语本身又是陌生的语言，教学效果就很难保证。因此，小学英语教学，要始终考虑到学生的认知程度和接受能力，坚持贴近日常生活，多从他们熟知的、能理解的、经常发生在身边的人和事入手，从体验日常生活中学习英语，从学习英语中感悟日常生活，使二者相互促进、共同提高。

第二部分　学科课程目标

《义务教育英语课程标准（2011 年版）》中指出义务教育阶段英语课程的总目标是："通过英语学习使学生形成初步的综合语言运用能力，促进心智发展，提高综合人文素养。"①"童趣英语"把激发和培养学生学习英语的兴趣放在首位，让学生在丰富多彩的课内外活动中发展智力、拓宽视野和塑造品格。

---

① 中华人民共和国教育部，义务教育英语课程标准（2011 年版）［S］. 北京：北京师范大学出版社，2012：1.

一、学科课程总体目标

依据《义务教育英语课程标准（2011年版）》，我校将"童趣英语"课程总目标分为语言能力目标、学习能力目标、思维品质目标、文化品格目标。

（一）语言能力

语言能力是英语学科核心素养的基础。通过"童趣英语"课程创设轻松、充满乐趣的语言环境，让学生理解语言所表达的意义，乐于运用已有语言知识，表达自己的观点，传递情感态度和价值观，乐意与人交流。

（二）学习能力

学生能制定简单的学习计划，有适合自己的英语学习方法，形成良好的学习习惯，体会英语学习带来的乐趣及成就感。在"童趣英语"课堂上，乐于思考、敢于表达、塑造自信；在英语学科节、英语小主播和我型我秀等活动中，乐于参与、积极合作、锻炼能力；阅读英文绘本，能丰富英语课堂、激发学生的阅读兴趣，提升阅读能力。

（三）思维品质

"童趣英语"课程倡导趣学、乐探、多思。在学习中，学生能发现英语语言中的具体现象，并能梳理概括信息。通过参与"童趣英语"提供的语言、思维与文化相结合的活动，善于提出问题，形成英语思维习惯，乐于分享和表达自己的观点，对事物做出正确的判断，开展深度学习。

（四）文化品格

学生通过"童趣英语"课程的学习，能初步感知中外文化异同，对接触的外国文化习俗感兴趣，乐于了解外国文化习俗，汲取中外优秀文化精华，构建基本的语言意识，初步形成中国情怀、国际视野和跨文化沟通能力。

二、学科课程年级目标

依据课程总目标和学校实际，结合"让快乐撒满英语学习的每个角落"的学科课程理念，将总目标细化为各年级具体目标，这里以六年级为例，阐述年级课程目标的设计。（见表5-2-1）

表 5 - 2 - 1　合肥市凤凰城小学"童趣英语"课程六年级课程目标表

学期	单元	基础性目标	拓展性目标
第一学期	Unit 1	1. 能够使用相关单词和词组描述城市设施及其位置，并能够在情景中运用句型问路并描述路线。 2. 知道英语句子有升降调，并能使用正确的语调朗读不同类型的句子。 3. 能够在迷路时主动寻求帮助；能够适当饮食，不暴饮暴食；了解英国人文地理相关文化知识。	1. 开展"每日趣读"活动，让学生爱上英文阅读。能够读懂《书虫牛津英汉双语读物》入门级上系列读物，能够使用简单的阅读策略理解阅读材料。 2. 开展"风俗探秘"活动，让孩子了解不同国家的风土人情，体验中西方文化的异同，欣赏世界的精彩，激发学生学习英语的兴趣，拓宽学生视野，提高跨文化交流意识。树立民族文化自信心和自豪感，增强爱国主义精神。 3. 开展"我是小作家"活动，写一写自己的爱好以及理想的职业。本活动旨在学以致用，锻炼孩子的英语书写和表达能力，培养良好的思维品质。 4. 开展"英语小主播"活动，让学生畅聊学习和生活的感受。锻炼孩子的口语表达能力，培养自信心；营造浓郁的英语文化氛围，学生能够感受英语、喜欢英语。
	Unit 2	1. 能够使用相关词组和句型讨论或描述交通方式和交通规则。 2. 知道英语句子中的连读现象；能够使用正确的语调朗读不同类型的句子。 3. 了解不同国家学生上学的交通方式；能够辨认一些常见的交通标志，了解并遵守交通规则；知道英国和中国驾驶习惯的差异。	
	Unit 3	1. 能够使用相关词组和将来时 be going to 结构句型谈论或描述自己的活动计划；能够在情境中恰当运用句型谈论活动计划的内容、地点和时间。 2. 知道英语多音节单词有重音，且需重读的语音现象；能够使用正确的语调朗读不同类型的句子。 3. 培养学生合理安排自己学习与生活的能力；树立需要在活动前做好合理计划的意识，鼓励自己"做中学"；了解中秋节的一些传统习俗；了解藏头诗的特点。	
	Unit 4	1. 能够正确使用单词和词组谈论或描述自己的兴趣爱好和日常生活，并能在情境中恰当运用句型谈论他人的爱好与个人信息。 2. 知道英语句子中通常需要重读哪些单词；能够通过看图捕捉主要信息，并根据提示做出听前预测。 3. 培养通过了解对方的兴趣爱好结交朋友的意识；了解中式茶和英式茶的饮茶器皿及饮茶习惯。	
	Unit 5	1. 能够正确使用词汇谈论和描述人物的职业和生活情况；能够在情境中恰当运用句型谈论人物的职业和生活情况。 2. 知道逗号在英语中表示停顿的作用；能够在图片的帮助下正确理解并按照正确的意群及语音、语调朗读关于爱好及职业的语篇；能运用本单元所学核心句型口头描述自己的爱好和喜欢的职业；同时能仿照范例完成信息表。 3. 学会热爱生活，尊重他人劳动；能从不同角度认识职业，明白能从事某些职业应具备的条件，构思自己的职业梦想。	

学期	单元	基础性目标	拓展性目标
	Unit 6	1. 能够正确使用核心词汇，简单表达自己、他人或动物的各种情绪和心理状态，并对疏导他人情绪提出建议。 2. 能够在情景中运用以下句型：寻求问题解决的方法的句型、询问他人的情绪和心理状态的句型、疏导情绪或提出建议的句型。 3. 知道英语句子中单词之间失去爆破的现象；能够在图片和文字的支持下完成表格和仿写语句。 4. 培养学生不能以自我为中心，要关心他人，为他人所想；不要以貌取人、要知恩图报等思想；了解中国的卡通名片《黑猫警长》；了解与蚂蚁有关的基本科学知识。	
第二学期	Unit 1	1. 能够使用形容词的比较级来谈论自己、朋友及其他人或事物；学会用英文的长度和重量单位来描述人、物或动物的身高、长度和体重等，并能借助长度及重量单位进行精确比较。 2. 了解形容词的基本构成，即在词尾加-er；理解形容词比较级所表达的意义。 3. 引导学生关注自己身边的人、事物及自然界中与我们共同生活的其他生命；鼓励学生在调查、比较和分析过程中反思该如何扬长避短，让自己做得更好；了解常见的中西方鞋码标注法；了解太阳的位置和影子的关系。	1. 开展"每日趣读"活动，让学生自主阅读《书虫牛津英汉双语读物》入门级下系列读物，循序渐进地把阅读作为一种生活方式和人生体验，使英语学习成为一种享受。 2. 开展"我型我秀"英语演讲活动，让孩子运用所学，勇于表达，锻炼口语表达能力，培养自信心。 3. 开展"导图述文"活动，根据思维导图，描述相关主题内容。帮助孩子学会归纳信息、整理信息，培养良好的思维能力，锻炼英语书写和表述能力。 4. 通过开展"环球影城"活动，为孩子播放有一定影响力的英文电影，让孩子开拓眼界，帮助孩子树立自己良好的人生观、世界观和价值观。
	Unit 2	1. 能够正确使用相关单词和词组谈论过去的活动；能够在情境中恰当运用句型提问并回答有关周末活动的安排。 2. 理解一般过去时的用法及动词词尾的规则变化。 3. 了解英国人有喝下午茶的生活习惯；培养学生合理安排周末活动的意识。	
	Unit 3	1. 能够正确使用相关词组谈论和描述人物在过去做的事情；能够在情景中运用目标句型询问并回答别人在过去的时间里去了哪里，乘坐什么交通工具。 2. 能够在图片的帮助下正确理解并朗读关于描述过去发生事情的语篇，并恰当运用所学核心句型口头描述过去发生的事情；能够在教师的帮助下归纳不规则动词的过去式。 3. 了解新疆的风土人情，建立事物都有两面性的观念，好事坏事没绝对，可以相互转换，因此要以乐观的心态面对生活。	

学期	单元	基础性目标	拓展性目标
	Unit 4	1. 能够在情景中恰当运用句型以及相关词汇谈论或描述某个地方的今昔；能够在情景中恰当运用句型以及相关词汇谈论或描述自己、家人以及朋友过去到现在的变化。 2. 能够在语境中理解生词或短语的意思，并能正确发音。 3. 鼓励学生将自己的烦恼、恐惧讲述给父母，释放内心的压力，保持身心健康；能够在语篇中捕捉不同类型的信息，提炼文章的主旨大意，并进行简单的推理；学会上网查询资料，自主学习。	

第三部分　学科课程框架

我校"童趣英语"课程分为基础性课程和拓展性课程。基础性课程主要以安徽省统一教材为教学媒介，为学生终生发展打下扎实的基础；拓展性课程主要对基础性课程进行拓展和延伸，满足学生的个性化学习需求，开发潜能、培育特长。

一、"童趣英语"课程结构

依据国家相关方针政策，我校基础性课程以人教版 PEP（三年级起点）教材为载体，落实国家课程。拓展性课程以《义务教育英语课程标准（2011 年版）》为依据，根据英语学科的学习内容，结合小学生的发展特点以及我校学生学情，开设"童趣听说""每日趣读""妙笔趣写""中西趣学"四大系列，按年级、分阶段设计了 32 门"童趣英语"课程。（见图 5-2-1）

（一）童趣听说

内容为英乐童心、律动视听、趣味配音、我型我秀等。旨在利用各种资源营造浓郁的英语文化氛围，使学生能够感受英语、喜欢英语，使语音、语调表达方式更加纯正，提高英语知识的储备量，同时具备欣赏动画、电影等艺术作品的能力，实现语言的工具性功能。

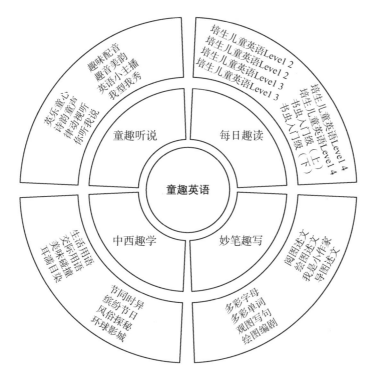

图 5-2-1　合肥市凤凰城小学"童趣英语"课程结构图

（二）　每日趣读

内容为培生儿童英语分级读物和书虫分级读物的阅读。旨在对课内教材进行拓展和延伸，增加学生语言输入量。通过人教版教材和培生、书虫等系列绘本读物，培养学生的阅读习惯，提升阅读能力，享受阅读的快乐，感受英语语言的魅力，进一步发展阅读素养。

（三）　妙笔趣写

内容为多彩字母、多彩单词、观图写句、我是小作家等。旨在培养学生良好的书写习惯，并与美术课程进行整合，引导学生写画结合，激发学生兴趣。从字母、单词和句子开始，再到段落、篇章的书写，循序渐进地提高学生的语言运用能力。

（四）　中西趣学

内容为礼貌用语、美味碰撞、节同时异、风俗探秘等。旨在让学生通过课程了解不同国家的风土人情，体验中西方文化的异同，欣赏世界文化的精彩，激发学生学习英语的兴趣，拓宽学生视野，提高跨文化交流意识，树立民族文化自信心和自豪感，增强爱国主义精神。

二、"童趣英语"课程设置

我校开设"童趣英语"课程的范围为三到六年级。考虑到各年级学生的基础不同，分别开设不同类型和难度的课程。课程的设置也充满了灵活性、趣味性、多样性和实际性。除国家基础课程外，我校开展了以下拓展课程。（见表5-2-2）

表5-2-2　合肥市凤凰城小学"童趣英语"课程设置表

学段 ＼ 课程		童趣听说	每日趣读	妙笔趣写	中西趣学
三年级	第一学期	英乐童心	培生儿童英语 Level 2	多彩字母	生活用语
	第二学期	诗韵童声	培生儿童英语 Level 2	多彩单词	交际用语
四年级	第一学期	律动视听	培生儿童英语 Level 3	观图写句	美味碰撞
	第二学期	你听我说	培生儿童英语 Level 3	绘图编剧	耳濡目染
五年级	第一学期	趣味配音	培生儿童英语 Level 4	阅图述文	节同时异
	第二学期	趣音美韵	培生儿童英语 Level 4	绘图述文	缤纷节日
六年级	第一学期	英语小主播	书虫入门级（上）	我是小作家	风俗探秘
	第二学期	我型我秀	书虫入门级（下）	导图述文	环球影城

第四部分　学科课程实施

"童趣英语"课程以学生为实施主体。基于学生的学习现状及需求，紧扣课程理念，致力于营造有趣的英语课堂，开展多样的英语活动，提高学生英语学习的主动性，提高自主学习能力，从而培养学生的学科核心素养。

一、打造"童趣英语"课堂，推进学科课程有效实施

"童趣英语"课堂是以教材教学为主，结合学生实际和英语学科的活动特点，让每个孩子都能有所发展的课堂。在童趣课堂中，突出语言知识输入的实践过程和语言能力形成的体验过程，注重培养学生的人文性，在听、说、读、写、玩、演的活动中提升英语语言技能，让学生学得有趣、学得快

乐，充分渗透语言的文化背景，培养具有中国情怀、国际视野和跨文化交际能力的学生。

我校从三年级起开设英语课，以人教版（PEP）教材为基础，保障国家课程的顺利实施。同时整合三至六年级课程，依据《义务教育英语课程标准（2011年版）》，每一学年提炼四门拓展课程，并将其嵌入到英语课堂中。"童趣英语"以激发学生学习英语的兴趣、培养学生形成良好的学习习惯为核心，突出语言知识输入的实践过程和语言能力形成的体验过程，从"四个注重"着手合力打造充满童趣的课堂。

1. 注重课前预设，指导学生明确学习目标。在进行教学设计前，要充分了解学情，制定切合学生实际的教学目标，对学习有困难的学生要进行有针对性的学法指导。为了使学生预习目的明确，备课时应精心设计课前预习作业，让学生听读核心词汇和句型，标出不明白的地方，上课时再寻求答案，这样有利于实现学习目标。

2. 注重设置情境，指导学生快速融入课堂。良好的导入对课堂教学起着非常重要的作用。结合学生兴趣、特长及年龄等特点，导入新课时对内容和形式进行综合设计，营造轻松活跃的课堂氛围。教学中通过采用直观教具巧设情境、运用多媒体课件营造情境、精编故事创设情境、巧设游戏激活情境等多种方式吸引学生的注意力，提高学生学习的热情。

3. 注重活动安排，指导学生主动参与课堂。在日常教学中，教师要精心设计教法，用一系列行之有效的教学活动吸引学生主动地参与到课堂中来。课堂中恰当地运用游戏教学法，让学生在游戏中快乐地学英语、用英语。通过开展讨论、表演等活动环节，培养学生的合作精神和表达自己思想与观点的能力，有效激发学生的积极性和创造性，让学生通过自主学习获得自我提升。

4. 注重作业反馈，指导学生学会总结所学。注重课后作业的反馈与评价，指导学生学会调节学习策略，首先要让学生明确评价的标准。在日常批改作业的时候，教师用红笔画圈、做记号，在需要改进的地方写下改进意见，用五角星、字母等打等级，并用多种形式的语言对学生进行表扬和鼓励。定期开展"优秀作业展"活动，展示学生优秀作业、优秀作品，用优秀范本帮助学生形成质量的观念，不仅能告诉他们质量的标准是什么，也能帮助他们更好地认识和理解学习评价，帮助他们发现问题、改善问题。

二、开展"童趣英语节"，提升课程品质

为了更好地让学生了解中西方文化的差异，给学生提供一个学英语、用英语的环境，营造浓厚的英语学习氛围，发掘自身英语学习的潜力，增强自信心，学校每年举办一次"童趣英语节"。用多种活动形式提高学生语言综合运用能力，为学生提供展示才能的舞台，培养学生的合作创新精神，激发学生学习英语的热情和主动性，学会用英语语言演绎中国故事。具体活动内容如下。（见表5-2-3）

表5-2-3 合肥市凤凰城小学"童趣英语节"活动设置表

年级	活动名称	形　式
三年级	创意字母设计	班级内先组织比赛，每班挑选6份优秀学生作品，参加校交流展示。
四至六年级	主题手抄报	班级内先组织比赛，每班挑选2份优秀学生作品，参加校交流展示。
五至六年级	英语广播 show	班级内先组织比赛，每班至少推选出5人，在校广播站朗读英语小短文。
三至六年级	英语才艺大比拼	三至六年级每个班级出一个节目，最多两个，表演内容是歌曲、儿歌、小故事、演讲、诗歌朗诵，进行演出展示。观众：三、四年级每班5人。
三至六年级	书写比赛	班级内先组织比赛后，每班至少5人参加校级评比。

三、开展"童趣330课程"，提供有益补充

为满足小学生课后在校服务需求，缓解学生家长实际困难，我校从2019年3月起全面开动"童趣330课程"，开展英语活动课程，拓展课程设置的空间，让他们敢于表现自己，展示英语学习的成果。学校开设了小猪佩奇英语、英语配音、英语安心班等课程，孩子们互动之余有收获，在学、玩、做中获取新知，提升能力，陶冶性情，享受乐趣。（见表5-2-4）

表5-2-4 合肥市凤凰城小学"童趣330课程"设置表

年级	330课程	学习目标	课程资源	活动设计
三年级	小猪佩奇英语	通过看英语动画，提高学生的听说能力，提高学习兴趣。	英语动画	1. 配音表演 2. 亲子模仿表演评比
三年级	绘本欣赏	通过阅读经典绘本，提高幼儿的阅读兴趣，养成良好的阅读习惯。	儿童经典绘本	1. 学校开设绘本阅读课 2. 家庭亲子阅读评比
四年级	英语配音	让学生置身于美的语言环境和氛围之中，学生就会心情愉快，兴致盎然，思维敏捷。	参加学校七彩语言社团	1. 开展讲故事活动 2. 小小主持人展示
五年级	用餐文化	让学生了解不同地区的人们有着不同的饮食习惯，了解各国饮食文化的交融对我们生活的影响。	教师发放资料	1. 视频欣赏 2. 实践体验
六年级	英语安心班	培养学生英语学习的习惯。	学生自备	1. 朗读比赛 2. 亲子阅读

四、开启探索之旅，寻找生活中的英语

课外英语学习作为课堂活动的拓展与延伸，可以弥补课堂教学时间和空间上的不足，也是英语生活化教育的一个重要组成部分。小学英语课堂教学联系生活实践，首先就是要善于发现生活中的教学素材，将其自然、完美地与课堂教学相结合，拉近英语学科与学生之间的距离激发学生的学习兴趣与热情。为此，我校开设了多门微型课程，并制定了英语微型探索课程设置表。（见表5-2-5）

表5-2-5 合肥市凤凰城小学英语微型探索课程设置表

实施年级	微型课程	学习目标	课程资源	活动设计
三、四年级	自然拼读	采用自然拼读法进行语音教学，帮助学生把握英语字母和字母组合的发音。	图书室借阅 学生自购	认读 字母歌表演
五、六年级	英语故事会	培养学生英语阅读的习惯，在阅读熟练后进行配音、角色扮演等。	学生自备 图书室借阅	英语故事比赛 亲子阅读

实施年级	微型课程	学习目标	课程资源	活动设计
一至六年级	研学游	带领学生参观动物园、海洋馆等，将知识与生活相联系。	教师发放资料 图书室借阅	视频欣赏 实践体验

　　"童趣英语"课程以"让快乐撒满英语学习的每个角落"为课程开发理念，学校注重教师专业素养的提升，不断更新教学理念，关注学生英语学习习惯的养成，开发特色课程，全面推进课程实施。学生们在课程活动中充分展现潜能和个性，在自信心增强的同时，英语思维能力和综合人文素养也不断提升，为未来的学习生活奠定了良好的基础。

（撰稿人：何燕　余孟瑶　陈盼盼　祁菲菲　吴丹丹）

第六章

学科课程评价：方法的
多样性与使用的针对性

课程评价在课程实施中具有很强的操作性。科学、合理的评价对教育教学有积极的导向作用。在课程实施中可以根据丰富的课程内容，采用多样化的评价方法；针对不同类型的活动，不同的对象使用合理的评价方式，从而使学生的学习过程和学习结果的评价达到和谐统一，更好地发挥课程的育人价值。

课程评价是对学校课程进行价值判断的过程。《基础教育课程改革纲要（试行）》指出：课程评价改革的目标是"改革课程评价过分强调甄选与选拔的功能，发挥评价促进学生发展、教师提高和改进教学实践的功能。"由此可以看出，我们不仅要关注学生的学业成绩，而且要关注他们的学习愿望、合作能力、创新意识等方面的发展。我们不仅仅要关注教师在教学过程中教的情况，更要关注学生在学习过程中的情绪体验、过程参与、实践能力等方面的表现，从而让教师的"教"真正服务于学生的"学"。因此，我们在英语教学中除了对学生语言知识和语言技能进行评价以外，还应该同时关注到学生的情感态度、文化意识和学习策略方面的情况。合肥市西园新村小学南校的"SAIL 英语"课程在评价英语课堂教学中，就把学生的学情作为评价的重要方面，它从学生的学习兴趣、学习效果和能力提升三个方面进行考量。合肥市黄山路小学的"FINE English"课程则把学生在课堂活动中的参与度、积极性、合作能力等方面作为考核一节好课的重要标准。

北京师范大学王蔷教授在解析《普通高中英语课程标准（2017 年版）》时指出：基于英语学科核心素养的评价应以形成性评价为主，并辅以终结性评价；注重评价主体的多元化，突出评价的激励和促学作用，特别强调要形成教、学、评一体化的有机评价机制。[①] 合肥市西园新村小学南校就围绕"SAIL 英语"课程的畅听、乐说、趣读、创写和实践五个方面对学生的学习进行形成性评价。如：他们鼓励学生大胆地读英语、说英语，用打卡的方式把自己的录音分享到群里，教师和其他学生都可以对录音内容进行评价。这样的评价方式激励了学生日常学习过程中的点滴进步，让学生在激励中体验到学习的乐趣。合肥市黄山路小学的"FINE English"课程重视评价主体的多元化，在评价过程中帮助学生在学伴评价、师长评价和家长评价中客观地反思和认识自我，从而实现自主学习和发展。

总之，教师要积极发挥课程评价的重要作用，鼓励学生和家长积极地参

---

① 王蔷. 普通高中英语课程标准（2017 年版）六大变化之解析［J］. 中国外语教育，2018，11（02）：11—19，84.

与到评价中来。针对不同的活动、群体，用多维化的评价目标、多样化的方式开展评价，从而促进学生核心素养的全面发展。

（撰稿人：程伟）

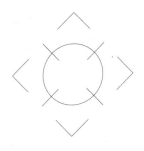

FINE English：让学习者经历美好的英语学习过程

合肥市黄山路小学英语组由 6 名教师组成，其中高级教师 1 人，"合肥市学科带头人" 1 人，"蜀山区骨干教师" 2 人。多人次在全国、省、市级教学比赛中取得好成绩。教研组充分发挥团队合力，共同研究，互相学习，共同成长。依据教育部《关于全面深化课程改革　落实立德树人根本任务的意见》以及《义务教育英语课程标准（2011 年版）》等推进英语学科课程建设，取得了显著成效。

第一部分　学科课程哲学

一、学科性质观

《义务教育英语课程标准（2011 年版）》明确指出，"义务教育阶段的英语课程具有工具性和人文性双重性质。就工具性而言，英语课程承担培养学生基本英语素养和发展学生思维能力的任务。就人文性而言，英语课程承担着提高学生综合人文素养的任务。"[①] 学生学习英语的结果，不仅仅是掌握语言知识，发展语言能力，而且是要在形成语言运用的同时，在情感、思维、人文素养等方面得到全面的发展。

因此，我校的英语课程旨在面向全体学生，通过有效的实践活动，让学

---

① 中华人民共和国教育部. 义务教育英语课程标准（2011 年版）［S］. 北京：北京师范大学出版社，2012：2.

生接触和体验语言，在学中用，在用中学，发展其英语语言能力、文化意识、思维品质和学习能力。

二、学科课程理念

依据《义务教育英语课程标准（2011年版）》，结合学生的身心发展的特点和我校英语教学的实际，英语组制定了具有我校特色的"FINE English"课程群，即以课本为依托，结合丰富的课外资源，如英语绘本、英语歌曲以及英语电影等，利用丰富多彩的课外活动培养学生英语核心素养，使之成为有理想信念、有人文素养的英语学习者。

F—Fantastic美好的。在英语课堂上，我们通过纯正、优美的语音、语调，美好的音乐，富有美感的图片和视频让学生在英语课堂中能感受美好，悦纳自我。

I—Interesting有趣的。针对学生的身心发展特点，教师可以创设真实的情境，通过有趣的任务活动、生动活泼的视频等形式充分激发学生的兴趣，让学生愿学、乐学。

N—Natural自然的。遵循学生的年龄特点和英语学习的发展规律，科学地引导，为他们创设鲜活自然的语言学习环境，让他们自然习得语言。

E—Effective有效的。积极开发课程资源，各年级依托课堂教学和课外活动，通过丰富多样的形式，如英语趣配音、英语悦读社团、英语书写比赛等，为学生提供各种各样的机会和平台，切实提高学生学习效率。采用科学、合理的评价方式对学生的学习过程给予有效的评价。

第二部分　学科课程目标

《义务教育英语课程标准（2011年版）》中所规定的义务教育阶段英语课程的总体目标即"通过英语学习使学生形成初步的综合语言运用能力，促进心智发展，提高综合人文素养"。[①]

---

① 中华人民共和国教育部. 义务教育英语课程标准（2011年版）[S]. 北京：北京师范大学出版社，2012：2.

一、学科课程总体目标

基于对英语课程标准的理解，我校确立了"FINE English"课程的总目标：激发学生的学习兴趣，通过体验、参与、合作与交流的方式和任务型的教学途径，发展学生的综合语言运用能力。具体细化为以下几个部分：

（一）语言能力

语言能力主要是指在社会情境中运用语言的能力，它包括运用语言进行交际、学习、自我愉悦与审美等的能力。学生通过"FINE English"课程的学习，在情境中理解语言，在活动中实践语言。敢于表达，乐于交流。

（二）文化意识

文化意识体现英语学科核心素养的价值取向，文化意识教育是中外文化理解与优秀文化认同的教育。学生通过"FINE English"课程的学习，能对赞扬、请求、道歉等做出反应；了解问候语中简单的称谓、问候和告别语；认识主要英语国家的首都、国旗、重要标志物和重要节日等；加深对中华民族优秀传统文化的认识与热爱，培养其国际视野。

（三）思维品质

思维品质体现英语学科核心素养的心智特征。思维品质的发展，有助于学生提升分析和解决问题的能力。学生通过参与"FINE English"课程群提供的各种活动，能关注各种信息之间的直接联系和明显差异，能根据获得的信息进行特征分析，形成新的概念，从而发展思维的逻辑性和批判性。

（四）学习能力

学习能力是学生学习如何使用学习策略提升自己英语学习成效的能力。教师在"FINE English"课程实施时，引导学生制订英语学习计划；主动对所学内容复习、归纳；在课堂交流中，认真倾听，积极思考；初步阅读简单的英语故事和其他英语类的课外读物；可以初步借助简单的工具书学习英语。

二、学科课程年级目标

基于以上目标，根据"FINE English"课程理念，确立了我校系统而循序渐进的英语课程年级目标。这里以四年级为例，阐述年级课程目标的设计。（见表 6 - 1 - 1）

表 6-1-1　合肥市黄山路小学"FINE English"四年级课程目标表

学期	单元	基础性目标	拓展性目标
第一学期	Unit 1	1. 能够在情景中运用句型询问位置并回答物品的位置。 2. 能够在情景中运用句型提出行动建议。 3. 能听说读写出符合 a-e 发音规则的单词。 4. 学习礼貌言行，能够对请求、道歉等行为做出恰当反应。	1. 通过"秀我风采"课程，学生会得体介绍他人；会与朋友友好相处，珍惜友谊；培养讲卫生、爱整洁的意识。 2. 通过"悦读绘本"课程，学生能够了解用餐礼仪和中西方美食，初步知晓中西方餐饮文化差异。 3. 通过"书写之星"课程，学生能用简单的语句准确描述自己的家。
	Unit 2	1. 能够在情景中运用句型询问并回答某处有什么物品。 2. 能够在情景中运用句型询问并回答物品的颜色。 3. 能听说读写出符合 i-e 发音规则的单词。 4. 培养学生爱惜书本的好习惯。	
	Unit 3	1. 能够在情景中运用句型询问他人的姓名或身份并回答。 2. 能够在情景中运用句型描述他人的性格和外貌特征。 3. 能听说读写出符合 o-e 发音规则的单词。	
	Unit 4	1. 能够在情景中运用句型询问人物和事物的位置并回答。 2. 了解西方家庭对家里宠物的态度和住房的一般结构。 3. 能听说读写出符合 u-e 发音规则的单词。 4. 激发学生爱家、爱家人的情感。	
	Unit 5	1. 能够在情景中运用句型征求并表达用餐意愿。 2. 能够在情景中运用句型提出用餐建议和餐具使用建议，并恰当回应。 3. 能听说读写出符合-e 发音规则的单词。 4. 了解用餐礼仪，能够对用餐建议做出恰当反应。	
	Unit 6	1. 能够在语境中正确使用家庭成员和职业的单词简单介绍家庭成员及职业。 2. 能够体会并表达对家庭和生活的热爱之情。 3. 能够了解英语国家中家庭成员之间的称呼习俗。	
第二学期	Unit 1	1. 能够在情境中运用句型询问事物的方位并回答。 2. 能够听说读写符合出 er 发音规则的单词。 3. 培养学生爱集体的情感。	1. 通过"书写之星"课程，学生能准确写出学校教室、场馆的名称及位置。

学期	单元	基础性目标	拓展性目标
	Unit 2	1. 能够正确使用课程类单词和短语描述自己的日常活动。 2. 能够在情境中运用句型询问时间并回答。 3. 能听说读写出符合 ir/ur 发音规则的单词。 4. 培养学生严格的时间观念，养成守时守纪的好习惯。	2. 通过"悦读绘本"课程，了解西方国家的校园生活；了解气温描述中的中西文化差异。 3. 通过"秀我风采"课程，会根据不同的生活需要，整理不同的衣服，培养生活的自理能力。
	Unit 3	1. 能够在情境中运用句型询问他人意见、天气情况并能进行回答。 2. 能听说读写出符合 ar/al 发音规则的单词。 3. 关心日常天气变化，能及时提醒家人、朋友根据天气变化更换衣服。	
	Unit 4	1. 能够在情境中运用句型询问并回答各种蔬菜或动物的名称。 2. 能够在情境中运用句型描述物品特点。 3. 能听说读写出符合 or 发音规则的单词。 4. 培养学生热爱劳动的意识。	
	Unit 5	1. 能够在情境中运用句型询问并回答物品的主人。 2. 能够听说读写出符合-le 发音规则的单词。 3. 培养学生及时整理个人物品的习惯。	
	Unit 6	1. 能够在情境中运用句型询问某商品的价格。 2. 能够在情境中运用句型描述某物品。 3. 了解英语国家的货币名称及符号。	

第三部分　学科课程框架

我校在开设"FINE English"课程群时，以课标为依据，以教材内容为出发点，同时结合我校学生的特点，系统开设一到六年级课程体系。

一、"FINE English"课程结构

学生通过英语课程的学习，不仅能掌握英语知识技能，提高语言实际运用能力，而且可以陶冶情操、开发思维和提高人文素养。我校"FINE English"课程设置以英语课本为依托，结合丰富的课外资源，开展多样的活

动，从"Fantastic Show""Interesting Reading""Nice Writing""Experienced Culture"四个方面进行课程构建，从而形成"FINE English"课程群。以下是"FINE English"课程逻辑示意图。（见图6-1-1）

图6-1-1 合肥市黄山小学"FINE English"课程结构图

具体表述如下：

（一）Fantastic Show

在低年级段，课程以输入为主，让学生多听朗朗上口的英语童谣、歌曲等，让他们在蹦蹦跳跳、说说唱唱中学会语言，激发他们学习的兴趣，培养良好的语感。在中年级段，通过自然拼读课程锻炼学生的拼读能力。在高年级段，让学生赏析原版英文电影片段，并开展配音、英语演讲等活动，以提高他们的听说水平。

（二）Interesting Reading

阅读是培养学生思维品质的重要途径。课程依托简单的绘本和英语分级阅读系列等读物，让学生获得愉快的阅读体验，发展阅读能力。在低年级段开设"阅读ABC"和"初识绘本"课程，在中年级段开设"悦读绘本"和"趣读绘本"课程，在高年级段则开设"畅读绘本"和"书海泛舟"课程。

（三）Nice Writing

写作能力是学生综合运用语言能力的反映，是一个循序渐进的过程。低年级学生用彩笔、橡皮泥等进行简单的字母或单词表达，图文结合；中年级学生进行字母、单词和简单句子的书写，通过自制单词本、贺卡、书签等形式展示；高年级学生则在主题情境下设计思维导图、创作手抄报和仿写小短文等。

（四）Experienced Culture

语言和文化是密不可分的，语言教学要结合文化背景和文化内涵。通过体验的方式让学生了解中西方文化的异同，拓宽他们的视野，培养跨文化交际能力。因此，在低年级段开设的"礼貌小达人"课程旨在培养学生得体地使用语言；在中年级开设的"小小文化站"课程让学生了解中西方食物、就餐礼仪等；在高年级开设的"畅游世界"课程，目的是让学生了解中西方节日习俗并体会中西方文化的异同。

二、"FINE English"课程设置

"FINE English"课程的设置和实施遵循语言学习的渐进性和持续性的规律，做好学段间的衔接，根据《义务教育英语课程标准（2011年版）》中的等级要求，按照学生的年龄特点和认知水平来组织课堂教学。课程资源的多维开发、合理选择、优化整合为课程的顺利实施提供保障。（见表6-1-2）

表6-1-2　合肥市黄山路小学"FINE English"拓展类课程设置表

学段＼课程		Fantastic Show	Interesting Reading	Nice Writing	Experienced Culture
一年级	第一学期	听力小能手（上）	阅读ABC（上）	妙笔生花（上）	礼貌小达人（上）
	第二学期	听力小能手（下）	阅读ABC（下）	妙笔生花（下）	礼貌小达人（下）
二年级	第一学期	我行我秀（上）	初识绘本（上）	绘词绘意（上）	童心看世界（上）
	第二学期	我行我秀（下）	初识绘本（下）	绘词绘意（下）	童心看世界（下）
三年级	第一学期	拼读大闯关（上）	悦读绘本（上）	书写小达人（上）	小小文化站（上）
	第二学期	拼读大闯关（下）	悦读绘本（下）	书写小达人（下）	小小文化站（下）
四年级	第一学期	秀我风采（上）	趣读绘本（上）	书写之星（上）	缤纷节日（上）
	第二学期	秀我风采（下）	趣读绘本（下）	书写之星（下）	缤纷节日（下）

学段 \ 课程		Fantastic Show	Interesting Reading	Nice Writing	Experienced Culture
五年级	第一学期	声临其境（上）	畅读绘本（上）	看图述文（上）	畅游世界（上）
	第二学期	声临其境（下）	畅读绘本（下）	看图述文（下）	畅游世界（下）
六年级	第一学期	小小演说家（上）	书海泛舟（上）	我是小作家（上）	学问中西（上）
	第二学期	小小演说家（下）	书海泛舟（下）	我是小作家（下）	学问中西（下）

第四部分　学科课程实施与评价

"FINE English"课程引领孩子们感受英语的语言美，通过生动的视频、有趣的任务活动形式充分调动学生的学习兴趣，将美好的情感渗透到学生的学习生活中去，让学生在体验中理解语言、感知语言、习得语言。

一、打造"FINE English"课堂，推进学科课程实施

"FINE English"课堂是遵循我校"美好教育"的教育哲学，在课堂教学实践中生成的一种课堂教学形态。力图实现师生在英语课堂上是一次美好的相遇，在课堂中通过美妙的英语歌曲、精彩的电影视频让学生体验英语的语言美，通过一个个有趣的任务活动让学生理解语言，习得语言。

（一）"FINE English"课堂要素

学生的主体参与是小学英语课堂教学的基础，这就要求教师要了解学情，因材施教。语意情境是小学英语课堂的必要条件，语言只有在特定情境中才会具有一定意义，在情境中学习语言才能更好地体现其应用性和人文性。学生在各种玩、唱、做、演的活动中学习语言、使用语言，这是语言教学的一条重要规律。知情体验是课堂教学中学生学习的重要途径，学生通过体验、实践、参与等方式，逐步掌握语言知识和技能。文化理解是教学的重要目标，学生要在体验中外文化的异同中形成跨文化意识，增进国际理解，从而成长为既有民族尊严又有国际意识的公民。而科学、合理的评价方式会突出学生的主体地位，发挥学生在评价过程中的积极作用。

（见图6-1-2）

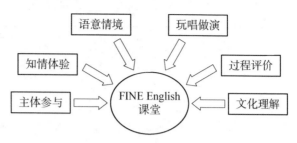

图 6-1-2　合肥市黄山小学"FINE English"课堂要素图

（二）"FINE English"课堂评价标准（见表 6-1-3）

表 6-1-3　合肥市黄山路小学"FINE English"课堂评价标准表

<table>
<tr><td colspan="2" rowspan="2">评价指标</td><td colspan="4">评价标准</td><td rowspan="2">测评
得分</td></tr>
<tr><td>优</td><td>良</td><td>合格</td><td>不合格</td></tr>
<tr><td>序号</td><td>项目</td><td colspan="4">认真研究 PEP 人教版英语教材，结合《义务教育英语课程标准（2011 年版）》理念准确把握核心素养；目标把握准确，教学重难点突出；教学形式有利于学生的自主学习和合作探究；指导学生学习的方法简捷有效。</td><td></td></tr>
<tr><td>1</td><td>教学
设计
10 分</td><td>10—9</td><td>8—7</td><td>6</td><td>5 分以下</td><td></td></tr>
<tr><td>2</td><td>课堂
教师
活动
25 分</td><td colspan="4">（1）教学环境：能营造浓厚的英语学习氛围，教师态度亲切，面向全体；师生能用英语进行互动，且互动自然、和谐。（6 分）
（2）课堂调控：善于发现、利用课堂上生成的课程资源；能巧妙利用课堂突发事件，激发学生学习动力。（10 分）
（3）技术运用：能科学、合理地利用现代教育技术手段，媒体形式选用得当，操作熟练。（3 分）
（4）时间安排：合理分配活动时间和讲授时间，学生自主活动不少于 20 分钟。（3 分）
（5）作业指导：作业布置要有代表性、针对性、开放性、层次性；作业量适中，注重英语书写习惯的培养；练习要求明确、具体。（3 分）</td><td></td></tr>
<tr><td></td><td></td><td>25—23</td><td>22—20</td><td>19—16</td><td>15 分以下</td><td></td></tr>
<tr><td>3</td><td>课堂
学生
活动
60 分</td><td colspan="4">（1）学习水平：学生对课堂活动有浓厚的兴趣。能积极思考、主动投入、善于合作。（25 分）
（2）活动度、参与度：参与面广，不同程度的学生都能充满自信，积极进取，获得学习成功的体验。学生自主性活动时间占课时 50% 以上，参与活动的学生达 100%。（15 分）
（3）学习效果：反馈形式多样有效，学生对学习的达成度达到 90% 以上；对知识的形成过程体验充分，领悟深刻，能受到正确的情感态度、价值观的熏陶；培养良好的行为习惯和掌握科学的学习方法。（20 分）</td><td></td></tr>
<tr><td></td><td></td><td>60—54</td><td>53—48</td><td>47—37</td><td>36 以下</td><td></td></tr>
</table>

评价指标		评价标准				测评得分
		优	良	合格	不合格	
序号	项目	（1）能用标准流利的英语组织教学；语言表达准确、流畅，有一定感染力；肢体语言自然、丰富。（2分）（2）板书清晰、合理、规范、美观，能体现重难点；教具使用合理、有效。（1分）（3）对个人的教学观念、行为具有反思意识，能积极、主动地与其他教师交流和沟通；主动反思教学，不断改革教学方式。（2分）				
4	基本素养5分	5	4	3	2分以下	
总评						

二、倡导"FINE English"学习，培养良好的英语学习习惯

"FINE English"课程，充分考虑英语学习的渐进性，注重让学生保持学习兴趣以及积极主动的学习态度。小学阶段是学生学习英语的起点，养成良好的学习习惯对他们至关重要。

（一）"FINE English"学习的基本要求

1. 指导学生会"听"

学生学习英语的初始阶段，一定要养成认真倾听的习惯，要多听标准音，然后再模仿和跟读。为让学生提高听的效率，教师在播放示范录音前，可以对学生提出听的具体要求并多设计一些有趣的任务活动。

2. 引导学生敢"说"、多"说"

教师应该创设轻松愉悦的课堂教学氛围，利用一切教学资源精心设计课内外的英语环境，·开展"声临其境""我行我秀"等活动，鼓励学生积极主动地使用英语。

3. 鼓励学生要悦"读"

教师要培养学生的阅读兴趣，鼓励他们多读"原汁原味"的绘本，让他们扩大词汇量，掌握有效的阅读技巧。我校开设的"趣读绘本""书海泛舟"等活动都是在鼓励学生悦"读"。

4. 培养学生会"写"

学生在小学阶段，就应该养成良好的书写习惯。因此，教师要引导学生

从书写规范的字母开始，逐步抓好英语单词、句子、语篇的书写。我校设置的"书写小达人""我是小作家"等课程都是分阶段培养学生的书写能力。

此外，教师还应该多布置创新型作业，如电影趣配音，制作英文菜单、海报、单词书等，让学生在作业中体现自我，增强自信。

（二）"Fine English"学习的评价要求（见表6-1-4）

表6-1-4　合肥市黄山路小学"Fine English"基础性评价量化表

评价内容	评价标准	自评			生评			师评		
		A	B	C	A	B	C	A	B	C
课堂表现	认真听讲，听同学发言。									
	积极思考，发言大胆积极。									
	能积极参与小组讨论活动，能与他人积极合作。									
读写方面	每周都有阅读记录。									
	作业能按时上交。									
	作业干净、整洁、规范。									
	作业正确率高。									
听说方面	每天坚持听读10—15分钟。									
	语音、语调清晰、流利、准确。									

三、举办"FINE英语节"，向美好奔跑

兴趣是学生学习英语的动力。英语节系列活动可以让学生乐于其中，学于其中。他们在轻松、愉悦的活动中积极参与、主动实践，在成功中建立学习英语的自信心，最终形成自主学习的意识。

（一）"FINE英语节"的实践操作

1. 激发学生对英语学习的兴趣，分享英语学习成果，展示学生的英语才能。

2. 让"FINE英语节"成为每个孩子的节日，让每个孩子在活动中体验学习英语的美好。

3. 活动内容。（见表6-1-5）

表 6-1-5 合肥市黄山路小学"FINE 英语节"各年级内容安排表

年级组	活 动 内 容
一年级 二年级	1. 歌谣大比拼 2. 听力小达人
三年级	1. 字母书写比赛 2. 字母操表演
四年级	1. 句子书写比赛 2. 课本剧表演
五年级	1. 语篇书写 2. 短剧表演 3. 阅读大闯关
六年级	1. 英语手抄报评比 2. 小小作家 3. 制作读书卡 4. 听力王

（二）"FINE 英语节"的评价要求

"FINE 英语节"的活动形式丰富多彩，给学生提供了一个学英语、用英语的环境。学生通过亲身参与，提高了学习的兴趣，培养了合作创新的能力。（见表 6-1-6）

表 6-1-6 合肥市黄山路小学"FINE 英语节"活动评价标准

评价内容	评价标准	生评			师评			家长评		
		A	B	C	A	B	C	A	B	C
歌谣大比拼	语音、语调准确、自然、流畅、表现力强，有较好的台风。									
字母操表演										
课本剧表演展评										
读书卡、手抄报制作展评	设计图文并茂，句子书写工整正确，制作精良。									
听力小达人	能根据所听材料迅速做出正确反应。									
阅读大闯关	能在规定的时间里读懂所给材料，捕捉正确信息。									
英文书写达人展评	书写无错误。									
	书写工整、规范、干净。									

四、开设"FINE English"节日课程，培养文化意识

我们结合中国传统节日、国际节日，开设"FINE English"特色节日课程，让学生了解中西方节日活动的差异，拓展视野，吸取优秀文化精华。

（一）"FINE English"节日的实施与操作

我校积极开发节日课程，营造浓厚的英语活动氛围，让学生主动参与到活动中去，关注世界文化，提高国际意识。（见表6-1-7）

表6-1-7　合肥市黄山路小学"FINE English"节日课程安排表

月份	节日	主题	活动内容
三月	植树节	与大树在一起	观看环保纪录片 绘制英文环保标语 设计环保袋
四月	读书节	墨染书香，以书会友	摘抄一句英语名言 欣赏一篇英语诗歌 阅读一本英语绘本
五月	母亲节	妈妈，我想对您说	制作母亲节贺卡 与父母进行一次交心的谈话
六月	端午节	快乐端午，你我共享	历史故事短剧表演
九月	中秋节	月圆天下，共话美好	阅读、观看关于中秋节的英语故事或视频 制作中秋主题书签
十月	国庆节	祖国，我爱你	学唱一首爱国歌曲 制作国庆主题手抄报
十一月	介绍西方节日	学会感恩　与爱同行	了解西方节日文化习俗，制作英语感恩卡片
十二月	戏剧节	创意戏剧　美好童年	课本剧表演

（二）"FINE English"节日的评价方式

我校节日课程实施形式丰富多彩，立足于促进学生的学习体验和全面发展，通过参与各项活动，提高学习兴趣，形成对文化与语言的鲜活认知。（见表6-1-8）

表6-1-8　合肥市黄山路小学"FINE English"节日活动评价表

评价项目	评 价 标 准	等级		
		A	B	C
主题	时代感强，融合传统文化，弘扬民族精神，与国际接轨。			

评价项目	评 价 标 准	等级		
		A	B	C
内容	形式新颖，符合学生年龄特征，贴近生活。			
过程	教师指导有度，学生参与度高，寓教于乐。			
效果	学生能积极愉快地参与，和他人积极互动，大胆表达。			
成果展示	成果创意展示。			

五、建立"FINE English"社团，享受英语学习的快乐

社团是校园文化的重要组成部分，是学生发展特长、发挥潜能、内化能力的第二课堂。学校成立的"FINE English"社团能进一步激发学生学习英语的兴趣，提高他们的语言综合运用能力，帮助他们树立学习英语的自信心。

（一）"FINE English"社团内容及实施

我校"FINE English"社团包括以低年级的学生为主的"悦唱越有趣"歌谣社团和中高年级为主的"悦读越有趣"阅读社团。

1. "悦唱越有趣"歌谣社团

儿童英语歌曲融知识性与趣味性一体，节奏欢快。既可以激发学生的英语学习兴趣，又能培养学生的英语语感。因此，我们在低年级成立了"悦唱越有趣"歌谣社团。社团实施流程分为三步：一、完成"悦唱越有趣"歌谣社团的成立及招募成员工作；二、进行新社团成员的基础知识及活动流程的培训；三、进行社团成员的展演及表彰。

2. "悦读越有趣"阅读社团

该社团以绘本、诗歌、短剧阅读为主，通过讲故事、表演等形式提升学生自我表现能力，让孩子愿意说、敢说、会说，提高其综合语言运用能力。社团实施流程分为三步：一、完成"悦读越有趣"社团的成立及招募成员工作；二、进行绘本阅读、诗歌朗诵、故事表演等社团活动；三、进行社团成员的展演及表彰。

（二）"FINE English"社团的评价方式

"FINE English"社团开展的活动满足了学生的多元发展的需求，学生可以在社团中锻炼自我，展示风采。社团从活动参与、合作交流、实践能力和

成果展示四方面对社团成员进行评价。（见表6-1-9）

表6-1-9 合肥市黄山路小学"Fine English"社团评价表

评 价 内 容		自评			师评		
		A	B	C	A	B	C
情感态度	很有兴趣，积极参与，表现大方。						
合作交流	积极合作，敢于交流，认真听取他人意见。						
实践能力	主动发现问题，积极解决问题，会用多种方法搜集资料。						
成果展示	活动过程记录翔实。						
	成果创意展示。						

　　"FINE English"课程是根据学生学习语言的自然规律，结合我校教学实际构建的课程体系。它让学习者在课程的滋养下，提升了英语学科核心素养，经历美好的学习过程，它也让教师成为快乐的教育者。大家在课程学习的道路上，不断探索，不断成长！

（撰稿人：程伟　魏然　王静　左静　董天琪　贾思怡）

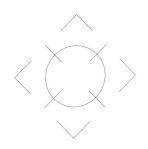

SAIL 英语：体验式的语言学习

　　合肥市西园新村小学南校英语教研组是一个朝气蓬勃、团结协作、勇于创新的团队。教师队伍共有 11 人，在这个年轻又充满活力的团队里，有多名市、区级骨干教师，多人获得国家、市、区级教学评比一等奖。全体英语教师凭着对学生的爱心，对工作的责任心，默默耕耘，精诚合作，依据教育部《关于全面深化课程改革　落实立德树人根本任务的意见》以及《义务教育英语课程标准（2011 年版）》等，推进英语学科课程建设，取得了显著成效。

第一部分　学科课程哲学

一、学科性质观

　　《义务教育英语课程标准（2011 年版）》对英语学科的性质做了如下的界定：义务教育阶段的英语课程具有工具性和人文性双重性质。就工具性而言，英语课程承担着培养学生基本英语素养和发展学生思维能力的任务，即学生通过英语课程掌握基本的英语语言知识，发展基本的英语听、说、读、写技能，初步形成用英语与他人交流的能力，进一步促进思维能力的发展，为今后继续学习英语和用英语学习其他相关科学文化知识奠定基础。就人文性而言，英语课程承担着提高学生综合人文素养的任务，即学生通过英语课程能够开阔视野，丰富生活经历，形成文化意识，增强爱国主义精神，发展创新能力，形成良好的品格和正确的人生观与价值观。工具性和人文性统一的英语课程有利于为学生的终身发展奠定基础。①

因此在义务教育阶段开设英语课程对青少年的未来发展具有重要意义。学习英语不仅有利于他们更好地了解世界，学习先进的科学文化知识，传播中国文化，还能帮助他们形成开放、包容的性格，发展跨文化交流的意识与能力，促进思维发展，形成正确的人生观、价值观和良好的人文素养。

二、学科课程理念

为了进一步深化学生的核心素养，基于英语学科的特点，我校全体英语教师经过反复研讨，合力制定出具有合肥市西园新村小学南校特色的"SAIL英语"课程。具体解释为以下意义。

（一）以学生为中心（Student-centered）

学生是学习的主体，是学习的主人。把学生置于恰当的位置，可以充分调动学生的学习积极性，提高教学效率。我校坚持面向全体学生，始终以学生为主体，尊重学生的个体差异，注重个性化教学，并通过各种丰富的课程形式给学生提供丰富的参与性活动，让学生在真实的情境中感知语言、理解语言，从而自然习得语言。

（二）以活动为基础（Activity-based）

活动能满足学生语言交际能力培养的需要。在课堂中我们倡导积极的互动和参与，并创造性地使用其他辅助教学资源，可以使学生多方位体验和学习语言。同时，教师及时鼓励学生与同伴合作完成学习任务，不仅可以激发学生学习的积极性与主动性，还能增强学生的合作能力和自信心。

（三）以兴趣为支点（Interest-focused）

兴趣是最好的老师，小学英语是入门教学，应该把培养学生学习英语的兴趣放在首位。因此教师需要创设语言情境，通过生动的图片、直观的动画、趣味的游戏等多种形式调动学生的积极性，促进学生语言技能的发展，让学生在享受英语课程的过程中，不知不觉地增长知识，开阔视野，发展智力。师生在快乐课堂中一起探寻知识的奥秘，寻求愉快教育的本真。

---

① 中华人民共和国教育部. 义务教育英语课程标准（2011年版）[S]. 北京：北京师范大学出版社，2012：2.

（四） 与生活密切相关（Life-related）

教师创造性地设计贴近学生实际的教学活动，吸引和组织他们积极参与活动，培养学生获取、处理和使用信息，用英语与他人交流，用英语解决实际问题的能力。只有接近生活的，真实且复杂的活动才能整合多重的内容和技能。因此，在设计教学活动时应把学科知识和实际生活紧密联系起来，充分激活和调动学生的语言知识和生活经验，增强学生用英语在生活中进行创新与实践的能力，从而实现课程的育人目标。

总之，合肥市西园新村小学南校"SAIL 英语"课程致力于让学生在体验式学习中感受到英语学习的趣味性和实用性。

第二部分　学科课程目标

《义务教育英语课程标准（2011 年版）》指出：义务教育阶段英语课程的总目标是：通过英语学习使学生形成初步的综合语言运用能力，促进心智发展，提高综合人文素养。[①]

一、课程总体目标

在课程总目标的引领下，我校英语组以学生为本，基于包含语言能力、思维品质、义化品格和学习能力四个维度的核心素养创设了合肥市西园新村小学南校"SAIL 英语"课程目标，以期培养学生的综合语言运用能力。

（一） 语言能力

语言能力是英语核心素养的基石，合肥市西园新村小学南校"SAIL 英语"课程在教材的基础上进行深化和拓展，让学生通过丰富多彩的课程，掌握语言知识，形成语言技能，培养英语语言意识和语感，为核心素养奠定坚实的基础。

（二） 思维品质

语言学习离不开思维品质的支撑，良好的思维品质能为语言学习扫清障

[①] 中华人民共和国教育部. 义务教育英语课程标准（2011 年版）[S]. 北京：北京师范大学出版社，2012：2.

碍，寻求突破。基于这一思想的指导，我校充分利用各种课程，开展将语言和思维有机结合的活动，以期培养学生分析、推理、判断、理性表达以及初步用英语进行多元思维的能力。

（三）文化品格

语言和文化密不可分，任何语言都有丰富的文化内涵。在英语课程学习中，学生不仅接触到英语国家的语言，也了解了英语国家的文化，中西方文化在学生学习语言的过程中产生了碰撞，既加深了对本国文化的理解和认识，又培养了世界意识和国际视野。

（四）学习能力

学习能力是一切能力的基础。在英语学习的过程中，学生能通过观察获取有效信息，通过体验、探究充分发挥自己的学习潜能并积极调整认知策略，学会与他人合作，高效学习，真正成为学习的主人。

二、学科课程年级目标

基于以上目标，依托"SAIL 英语"课程理念，确立我校系统而循序渐进的英语课程体系目标，逐步实现对语言综合运用能力培养的总目标。这里以五年级为例，阐述年级课程目标的设计。（见表 6-2-1）

表 6-2-1 合肥市西园新村小学南校"SAIL 英语"五年级课程目标表

学期	单元	基础性目标	拓展性目标
第一学期	Unit 1	1. 能够使用单词和句型询问并回答有关人物性格和外貌特征的情况。 2. 知道 be 动词的用法。 3. 学生能够掌握字母-y 的发音规则，能够读出符合 y 发音规则的单词，并能够根据发音拼写出符合 y 发音规则的单词。 4. 能树立正确的审美观，避免以貌取人。	1. 通过"歌曲欣赏""英语趣配音"和"寓言鉴赏"课程可以给学生带来更新鲜的英语学习体验，通过大量准确、流畅、地道的英语输入，可以提高学生的口语表达能力并培养学生的英语思维习惯。 2. 学生可以通过"小小设计师"课程将自己感兴趣的内容和奇思妙想用英文海报、英文广告以及英文手抄
	Unit 2	1. 能够掌握星期的单词以及简单日常活动的短语。 2. 能够根据所给图片描述自己的日常课程安排和周末情况。 3. 学生能够掌握字母组合 ee/ea 的发音规则。 4. 能懂得时间的重要性，合理安排自己的时间，劳逸结合。	

学期	单元	基础性目标	拓展性目标
	Unit 3	1. 能够正确使用所学单词和句型描述食物或饮品的味道及其他特征，询问并回答某人想要吃什么、喝什么。 2. 能够掌握字母组合 ow 在单词中的发音规则。 3. 能掌握名词单复数的变化规律。 4. 了解中西方饮食方面的文化差异，保持健康的饮食习惯、绿色的生活方式。	报等形式表达出来。英语和美术课程有效整合，可以充分激发学生的创作兴趣。 3. 通过"畅游世界"课程可以让学生体验中西方文化差异，从中了解不同的文化传统和社会现象，逐步形成自己的文化认同感，并树立民族文化自信心和自豪感。
	Unit 4	1. 能在情景交际中询问他人是否会做某事并作答。 2. 能够掌握字母组合 oo 的发音规则。 3. 能够了解琵琶、武术、乒乓球等有中国特色的文娱活动形式。	
	Unit 5	1. 能正确使用家居物品和相关位置的单词和词组，简单介绍自己的房间。 2. 掌握 There be 句型与名词单复数的搭配规律。 3. 能够掌握字母组合 ai/ay 在单词中的发音规则。 4. 能够养成及时整理个人物品的习惯，增强环保意识。	
	Unit 6	1. 能够灵活使用 There be 句型的一般疑问句，并进行肯定、否定回答，并能描述自然公园的情况。 2. 能够掌握字母组合 ou 的发音规则。 3. 能够亲近自然、热爱自然，能够了解一些环保常识。	
第二学期	Unit 1	1. 能用单词和句型询问并回答某人的日常作息与周末安排。 2. 能够掌握字母组合 cl/pl 的发音规则。 3. 能够运用核心句型完成书信填写任务。 4. 了解学校和社会生活中相关活动的名称，激发学生热爱学习、热爱生活的美好情感，并且引导学生能够合理地安排日常学习和周末活动。	1. 通过"声临其境"和"妙语连珠"课程可以训练学生标准的语音、语调，并培养学生的英语语感以及语言表达、沟通等综合能力。 2. "阅读漂流"课程能进一步培养学生阅读绘本以及分享绘本的好习惯。在阅读中，通过教师的专业指导，可以培养学生基本的阅读技巧，提高他们的阅读能力。
	Unit 2	1. 能在情境中询问并回答对季节的喜好，并陈述喜欢某个季节的理由。 2. 能够在图片的帮助下理解描写四季的短文，能够按照正确的语音、语调、意群朗读短文，并书面表达自己最喜欢的季节及原因。 3. 能够掌握字母组合 br/gr 的发音规则。 4. 了解有关全球气候差异的常识。	

续　表

学期	单元	基础性目标	拓展性目标
	Unit 3	1. 能正确使用所学单词和句型对月份进行描述，正确询问并回答举行学校活动的月份。 2. 能够掌握字母组合 ch/sh 的发音规则。 3. 深入了解中西方重要节日，理解多元文化。	3. "创意无限"课程，可以充分培养学生自主学习的能力，学生可以续写绘本、改编绘本甚至自创绘本。 4. "环球影城"课程可以让学生感受英文电影的魅力，激发学习英语的热情和动力，同时也可以进一步提高学生的听力以及口语。
	Unit 4	1. 能在情境中询问并回答具体日期，正确使用序数词。 2. 能够在图片的帮助下理解日记，能够按照正确的语音、语调、意群朗读日记，能运用核心句型完成写完整句的任务。 3. 能够掌握字母组合 th 的发音规则。 4. 了解中西方重要节日的日期，表达自己喜爱的中外节日。	
	Unit 5	1. 学生能够正确使用名词性物主代词和动词现在分词形式，能够在情景中运用句型询问和回答某物属于某人。 2. 在图片的帮助下描述动物正在做的动作。 3. 能够掌握字母组合 ng/nk 的发音规则。 4. 培养学生爱护动物的意识。	
	Unit 6	1. 能在情景中运用句型询问并回答某人是否正在做某事。 2. 能够运用句型谈论不同场合的行为规范。 3. 能够遵守行为规范和学校校规，培养学生的规则意识。	

第三部分　学科课程框架

为了实现课程目标，合肥市西园新村小学南校"SAIL 英语"课程分为基础性课程和拓展性课程。基础性课程主要培养学生终生发展和适应未来社会需要的共同基础，主要使用人教版 PEP（三年级起点）教材；拓展性课程主要满足学生个性化学习的需求，开发和培育学生的潜能和特长，培养学生的主体学习能力。

一、学科课程结构

在设计"SAIL 英语"课程时，充分考虑到学生的年龄特点，基于学校的教材内容，设计了一到六年级的相应课程，课程从畅听、乐说、趣读、创写和 club 实践五个板块进行建构。具体表述如下：

（一）　畅听

听力教学是英语教学的基础，也是英语综合技能的基础。课堂中学生要能够听懂学习活动中的指令，并做出适当反应；同时根据语音、语调、重音等理解说话者的意图；能听懂相关的歌谣、简单的小故事、日常生活的话题。

（二）　乐说

口语表达是语言学习的重要组成部分，从倾听到表达也是语言学习的基本途径。准确、流畅、地道的口语表达离不开英语思维的培养，离不开反复模仿和练习。在设置课程时，要激发学生表达的欲望，让学生在情境中自然交流，自信地表达。

（三）　趣读

阅读的过程是发展学生思维能力的过程，大量阅读原版的英文读物不仅可以增加学生语言的输入量，还可以让学生了解外国的文化。学校在使用指定的人教版教材之外，还补充了适合各个年级学生的分级读物以及原版绘本作为拓展，让学生对英语学习产生浓厚的兴趣。

（四）　创写

英语教学的最终目的是发展学生的语言技能，培养学生良好的英语交际能力，写作教学有助于学生体会文字的美，也可以让学生掌握英语信件、便条、自我介绍等书写格式。英语课程可以和美术课程进行整合，让学生创作英文手抄报、菜单、广告等贴近生活的作品，可以提高他们的语言运用能力和审美能力。

（五）　club 实践

通过文化、社团学习，获得情境体验，在外教参与的各类教学活动和拓展中，了解英语国家的称呼、节日、风俗习惯等文化特征，在关注中外文化差异的同时，加深对中国文化的理解，形成理解、尊重不同文化的品格。

二、英语学科课程设置

根据学科课程目标，我校设置了合肥市西园新村小学南校"SAIL 英语"课程结构图。（见图 6 - 2 - 1）

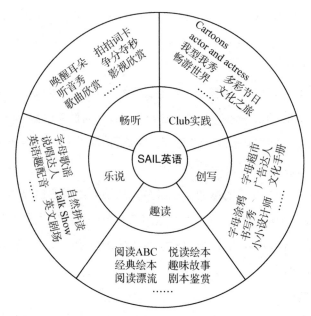

图6-2-1 合肥市西园新村小学南校"SAIL英语"课程结构图

在基本课程设置的基础上，我校设置了合肥市西园新村小学南校"SAIL英语"课程框架表。（见表6-2-2）

表6-2-2 合肥市西园新村小学南校"SAIL英语"课程设置表

学段	课程	畅听	乐说	趣读	创写	Club实践
一年级	第一学期	唤醒耳朵	字母歌谣	悦读ABC	字母涂鸦	迪士尼卡通
	第二学期	趣磨耳朵	字母拼读	畅读ABC	创意字母	米奇妙妙屋
二年级	第一学期	拍拍词卡	积木英语	初识绘本	字母超市	字母韵律操
	第二学期	鹅妈妈童谣	唱响童谣	悦读绘本	妙笔生花	Actor and actress
三年级	第一学期	听音秀	念念有词	经典绘本（上）	单词书写秀	我型我秀
	第二学期	趣听绘本	说唱达人	经典绘本（下）	书写达人	百变大咖秀
四年级	第一学期	争分夺秒	朗读秀	趣味故事	广告达人	多彩节日
	第二学期	妙音魔句	Talk Show	科普绘本	海报达人	神奇之旅
五年级	第一学期	歌曲欣赏	英文趣配音	寓言鉴赏	小小设计师	畅游世界
	第二学期	声临其境	妙语连珠	阅读漂流	创意无限	环球影城
六年级	第一学期	电台广播剧	情景话剧	国家地理（儿童）	原创绘本	Travel Guide
	第二学期	影视欣赏	英文剧场	剧本鉴赏	文化手册	文化之旅

第四部分　学科课程实施

英语学科课程，应创设彰显英语特色的趣味性、人文性、工具性、实用性的原则。我校的"SAIL 英语"课程设置了丰富、高效的英语课堂活动，旨在培养学生听、说、读、写的综合运用能力。

一、打造"SAIL 英语"课堂，推进学科课程实施

（一）"SAIL 英语"的内涵与推进

1. 以学生为中心的课堂教学（Student — centered）

教师坚持面向全体学生，始终体现以学生为主体，尊重学生的个体差异，注重个性化教学。我校各年级依托教学，通过各种丰富的课程形式给学生提供丰富的参与性活动，如：我型我秀、英文剧场等，让学生在真实的情境中感知语言、理解语言，从而自然习得语言。

2. 以活动为基础的课堂教学（Activity — based）

学生在课堂上可以通过参与各种教学活动，让学生在教师创设的情境中不知不觉地丰富语感，开阔视野，增长知识，教师会根据学生的英语程度在课堂中设计不同难度的任务，如听音秀、拍拍词卡、小小设计师等等。

3. 以兴趣为支点的课堂教学（Interest — focused）

课堂上教师以饱满的教学热情感染学生，用高尚的职业精神影响学生，用过硬的专业素养塑造学生，用欣赏的眼光看待学生，用赞赏的话语鼓舞学生，帮助学生认清自我，发现自己英语学习上的天赋和优势，引导学生运用科学的方法学习英语，让学生对英语学习产生浓厚的兴趣，通过广泛的课程内容，如争分夺秒、字母超市、Talk Show 等课程来激发他们的求知欲，夯实英语基础，强化他们的自信心。

4. 实际生活密切相关的课堂教学（Life — related）

英语学科是一门工具型学科，这就决定了教师在课程实施过程中要注意语言的交际性、功能性，在创设情境时要做到真实、生动、直观又富有启迪性，要贴近学生熟悉的问题，即身边的"活英语"。这些"活英语"都在学生周围，自然亲切，让学生感受到英语知识的应用价值，体现了生活中处处

有英语。

（二）"SAIL 英语"课堂评价要求

合肥市西园新村小学南校"SAIL 英语"课堂教学紧紧围绕《义务教育英语课程标准（2011 年版）》中提出的对课堂评价的要求，结合学生的学习和发展实际，采用多元优化的评价方式评价学生综合语言运用能力的发展水平，坚持评价的科学性、导向性、激励性、参与性、多样性、可行性、阶段性原则，以形成性评价为主，以学生平时参加各种英语教学活动所表现出的兴趣态度和交流能力为主要依据，提倡强化激励和反馈的功能，帮助学生发展多方面的潜能。以下是我校设置的合肥市西园新村小学南校"SAIL 英语"课堂评价表。（见表 6-2-3）

表 6-2-3　合肥市西园新村小学南校"SAIL 英语"课堂评价表

评价方面	项目	评 价 标 准	等级 A	B	C
教师教学方面	教学目标	教学目标明确具体，符合新课程标准要求。			
		重难点准确，突出重点，突破难点。			
		符合学生实际水平，有利于学生的发展，重视培养学生的核心素养。			
	教学设计	教学内容安排适当，层次清晰，过渡自然。			
		设计合理，符合学生认知规律。			
		合理使用教具、信息技术。			
	教学过程	面向全体学生，使每个学生都能有所发展。			
		课堂气氛活跃，有效调动学生学习积极性。			
		注重学习方法的指导和学生习惯的养成。			
	教学评价	评价语言丰富、生动、具体。			
		评价及时、有效，贯穿课堂始终。			
		多角度评价，既有教师评价，也有学生自评和生生互评。			
学生学习方面	学习趣味	学习活动新颖有趣，能够激发学生的学习兴趣。			
		学生学习兴趣浓厚，思维活跃，积极参加。			
	学习效果	学生的学习目标完成良好，掌握相关知识。			
		师生交流亲切自然，学习氛围平等、民主、和谐。			
	能力提升	学生大胆、自信，勇于表达自己的观点。			
		学生在情感、态度、价值观等方面得到相应的发展。			

二、提倡"SAIL 英语"学习，培养良好的英语学习习惯

课程建设本质上是为了满足学生学习和发展的需要，能否为学生提供更具有个性化的学习资源及学习方式，并培养学生良好的英语学习习惯。合肥市西园新村小学南校"SAIL 英语"课程由畅听、乐说、趣读、创写和实践五个部分组成，紧密围绕英语学科核心素养，指向学科课程目标，全面提升学生的语言能力、学习能力、思维品质和文化品格。以下是合肥市西园新村小学南校"SAIL 英语"学习评价表。（见表 6-2-4）

表 6-2-4 合肥市西园新村小学南校"SAIL 英语"学习评价表

评价内容		师评			自评			互评		
		A	B	C	A	B	C	A	B	C
畅听	能够每天坚持听录音以及歌谣等原版资源。									
	独立完成听力练习，能边听边用手指单词或句子，逐字逐句指着跟读。									
乐说	乐于模仿，敢于开口。									
趣读	能够正确拼读单词，响亮、流利地朗读课文，语音、语调正确。									
	每周坚持阅读英语绘本或者分级读物。									
创写	书写姿势和书写方法正确。									
	大小写、笔顺、标点符号和格式正确。									
实践	可以在 club 中积极参与活动，勇于表达，与同伴合作互助。									

在听的过程中要求学生认真听示范发音，然后再模仿。让学生在听的过程中做到眼到、耳到、手到、心到。尤其是低段的孩子，让他们在听的过程中学会用手指单词或句子是非常有必要的。同时要求每个学生每天都要有听录音的习惯，坚持每天听读，并记录下来，定期进行评比。

在英语教学中，教师还要不断鼓励学生大胆地读英语、说英语，说得好了才能让学生更有自信心。说的内容来源于学生的学习以及日常生活，每个班级有 QQ 群，鼓励孩子每天打卡，把自己的录音分享到群里，这样教师可以了解学生的学习情况，也可以让同学们之间互相学习，共同进步。

读的要求主要是两个方面，一个是能够朗读，也就是要求学生能正确拼读单词，朗读课文，语音、语调正确。朗读英语有利于培养学生语音、语调、节奏、语感等。另外一个是学生的阅读训练，让学生大量地接触原版的绘本、英语故事，简单的英语剧本，让他们在阅读中提升词汇量，了解文化，增长见识。课下每周布置相应的任务，让学生填写英语的 reading log，记录下自己阅读的绘本，也可以与他人分享。

"写"对小学生来说也非常重要。首先书写姿势和书写方法要正确，书写要规范，字母大小写、笔顺、标点符号和格式都要正确。所以在起始年级时教师就应该特别注意指导学生在四线三格中的书写。中高年级的学生要掌握简介、书信、留言条等书写格式，并有能力完成一些创作型的书写，例如制作思维导图、广告、菜单等。

听、说、读、写的综合性运用可以在 club 中通过和外教的互动来实践，要鼓励学生在社团活动中积极参与活动，勇于表达并展现自我。

三、开设"SAIL 英语"节日，推进校园英语特色节日课程的实施

"SAIL 英语"节日课程不仅在课堂中向学生介绍西方节日，让学生了解中西方节日活动的差异，还开设校园英语节，促使学生拓展视野，提高国际意识。英语节中既开展西方节日的活动，也用英语展示中国的节日故事。

（一）"SAIL 英语"节日课程的内容与实施

"SAIL 英语"节日课程旨在利用中外传统节日或专门的时间，进行节日文化交流。英语组尊重文化差异，鼓励学生了解世界文化，向世界展示中国文化，具体有以下实施方式：

1. 英语风采"小天鹅"展示节

英语风采展示节包含很多可以展示学生风采的英语节目，演讲、朗诵、英文歌曲演唱、英语电影配音、课本剧或童话剧表演等多种形式，让学生在表演中增强自信心。

2. 国际文化交流日

国际文化交流日旨在帮助学生了解国外文化，展示中国文化。通过一系列主题活动，如"世界服装 T 台秀"，让学生穿上中国民族服装还有具有外国特色的服装一起在 T 台上展示；课堂和足球比赛结合，开展足球进课堂的

活动。足球是我校特色之一，让来自喀麦隆的外教在课堂上介绍自己国家的足球，比如足球比赛规则，让拼搏进取的体育精神走进大家的视线；"国际美食展"可以让学生了解中西美食文化，活动中学生还可以动手制作西方的pizza，中国的饺子等美食，充分培养学生的动手能力。

（二）"SAIL英语"节日课程评价

节日课程重在培养学生参与意识，提升英语语言文化的情境体验，因此重在评价参与与分享，弱化差别和等级。此课程的评价可以通过口头表扬、分享交流会、奖状、小思徽章、喜报等形式进行，鼓励学生积极参与。以下是我校设置的合肥市西园新村小学南校"SAIL英语"节日课程评价表。（见表6-2-5）

表6-2-5　合肥市西园新村小学南校"SAIL英语"节日课程评价表

评价内容	评　价　维　度
活动前准备	1. 节日活动的目的明确，有意义。 2. 节日活动的人员安排和组织以及宣传。
活动中实施	1. 学生要广泛参与，每个年级每个班都要有节目上报。 2. 参与节目进行前期删选，控制数量，选出精品展示。 3. 节目的类型要多样，使用应用的频率要高。 4. 英语语言要准确、流利并且地道。 5. 节目的服装道具化妆要准备充分。
活动后总结	1. 活动后的表彰要覆盖面大，具有不同形式。 2. 活动要有总结与反思。 3. 要有新闻稿宣传报道。

四、打造"SAIL英语"文化社团，享受英语学习的快乐

文化社团是学校课堂教学的补充和延伸，我校的英语社团主要是由外教教授，学生可以在社团里学习了解世界各英语国家的文化、礼仪、文体等，也可以将平时课堂上学的英语知识和技能进行综合运用。

口语社团着力于培养学生对英语口语的兴趣及口语表达能力，社团中有形式多样的口语活动，如看图回答问题、看图编对话、演讲等，学生通过课堂及课余时间和同学们进行口语练习，充分调动他们对口语学习的积极性。

戏剧社团中，学生在真实的语言交流场景中以戏剧角色的身份去听说，

更符合儿童学习发展的需要，符合学生认知水平和生活经验。通过表演经典的儿童剧，让学生语言综合运用能力得到了全面提升。

社团活动鼓励学生积极参与各种活动，学以致用，它既增强了学生的合作、交流意识，也锻炼学生组织能力、管理能力。为此，活动评价为积星评价，从师评和组评两个维度进行，以下是合肥市西园新村小学南校"SAIL 英语"社团评价表。（见表6-2-6）

表6-2-6　合肥市西园新村小学南校"SAIL 英语"社团评价表

评 价 项 目	师评	组评
按时出勤，有事需提前交请假条。		
认真听课，积极参加课堂活动。		
能用英语主动融入小组活动，互帮互助，合作分享。		
能完成自己的作品并主动展示，作品有个性，有创新。		
在活动中有一定的管理组织能力。		

（☆ 表现一般；☆☆ 表现积极；☆☆☆ 表现优秀）

合肥市西园新村小学南校"SAIL 英语"课程是多样化的课程，是促进学生学习方式转变的课程，是开放的课程，在实施中通过听说、读写、Club 综合实践等多种探究活动，创造性地使用各类资源，倡导学生主动参与、探究发现、交流合作，让学生成为课程资源的主体和学习的主人，让英语成为孩子们瞭望世界、了解世界的窗口。"SAIL 英语"课程是我校英语组共同的教学追求，我校英语组将不断更新思想，勇于创新，团结协作，开展对英语课程的研讨，发展教师专业素养，促进"SAIL 英语"的可持续发展。

（撰稿人：葛源媛　王广梅）

第七章

课程管理应体现学科文化的统一性和灵活性。学校作为课程管理的权利主体，应建立完善的课程制度，对课程的实施、管理、评价等方面实施全面而清晰的规范和制约。同时，各项制度规定需要适应本校的实际教学环境和师生情况，展示学校特色和文化，体现学科文化的灵活性。

学科课程管理：制度的规约性与环境的适应性

学科文化作为文化系统的组成部分，具有一般文化的特征，如规约性、适应性等。"学科文化是在学科形成和发展过程中凝聚的一个领域所特有的知识体系、方法、语言符号系统、理念与价值观、思维与行为方式以及伦理规范等的总和。"[①] 学科文化根植于学科，也是一种人的文化。构成学科文化的基本要素形成一个稳定的体系，通过知识理论、知识权力以及学科制度等引导学科成员遵守学科文化规范，实现文化的规约功能。作为一种亚文化，学科文化也是动态发展的，具有适应性。在特定时期内，学科文化会受到内外部多种因素的影响和冲击。当学科文化呈现积极特征时，该文化通过分化、整合形成新的文化体系，顺应学科的发展需求。反之，当学科文化呈现消极特征时，该学科将被淘汰。

学科文化指引着学科课程群的建设和发展。英语课程群的推进和实施离不开科学、高效的课程管理。课程管理是科学，需要以制度建设为依托，反映学科文化的规约性。学校作为课程管理的权利主体，应建立完善的课程制度，对课程的实施、管理、评价等方面实行规约。课程制度由课程的价值准则、行为规则、运行保障三部分组成。它以清晰明确的课程价值观为根本，构建基本标准和行为准则，指导学校在课程开发、实施和管理的过程中执行完善合理的程序。合肥市十里庙小学依托学校各项制度，制定学科管理制度，建立完整的课程管理链条，运用动态化的评价机制，不断完善课程发展的策略，确保"SMART English"课程的有效实施。

课程管理是艺术，各项制度规定需要适应本校的实际教学环境和师生情况，展示学校特色和文化，体现学科文化的适应性。学校在实施课程管理的过程中，可以依据办学宗旨和教学理念，设定符合学校文化的价值观，充分发挥价值观的引领作用，进行价值管理。价值管理产生一种强大的向心力，将学科成员凝聚在一起，发挥强大的整体效应，增强学科成员的归属感和认同感，帮助他们自觉内化学科知识规范，遵守学科制度，推进课程群建设。合肥市翠庭园小学为了保障"VIGOR 英语"课程群的有效实施，坚持以人为本，将"春晖浴禾，翠色满园"的办学理念充分融入课程管理中。学校积极创造条件，构建和谐的文化氛围，让每一位师生都成为那一抹绿色，向着那

---

① 陆根书，胡文静．一流学科建设应重视培育学科文化［J］．江苏高教，2017（3）：5—9．

一抹翠色蓬勃生长。师生在潜移默化中感受文化，自觉参与到文化管理中，提升学校课程管理的效能。

（撰稿人：赵晶）

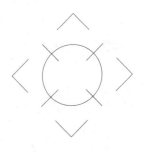

VIGOR 英语：博观而约同的语言学习

　　合肥市翠庭园小学英语组由 7 名教师组成，这支年轻的队伍充满教育的热情，不断探究，不断改进，力求让每一位孩子都能得到开口说英语的机会，在学习中获得快乐，乐享中西方文化。我校依据《教育部关于全面深化课程改革　落实立德树人根本任务的意见》《义务教育英语课程标准（2011年版）》等，推进英语学科课程建设方案，取得了显著成效。

第一部分　学科课程哲学

一、学科课程性质观

　　《义务教育英语课程标准（2011 年版）》中指出："义务教育阶段的英语课程具有工具性和人文性双重性质。"[1] 在小学阶段，充分认识到英语的工具性和人文性，有助于教师准确把握英语课程的特点，积极组织有意义、有内涵、有成效的教学活动，着力培养学生的必备品格和关键能力。同时，《教育部关于全面深化课程改革　落实立德树人根本任务的意见》提出：立德树人是发展中国特色社会主义教育事业的核心所在，是培养德智体美全面发展的社会主义建设者和接班人的本质要求。这要求教师在平时的教学中要将全面贯彻党的立德树人、全面发展的教育方针确定为校本课程改革和英语学科

---

[1] 中华人民共和国教育部. 义务教育英语课程标准（2011 年版）[S]. 北京：北京师范大学出版社，2012：2.

教育的指导思想，要求教师大力弘扬中华优秀传统文化，把培育和践行社会主义核心价值观融入国民教育全过程。同时，更要求教师遵循教育规律和学生的成长规律，立足国情，具有世界眼光，面向全体学生，促进人人成才。基于此，我校的英语课程致力于发展孩子们的听、说、读、写技能，提高他们的综合人文素养，对英语教材充分讨论和分析，结合教学实际，开发并实施"VIGOR英语"课程。

二、学科课程理念

《教育规划纲要》第32条明确指出："关注学生不同特点和个性差异，发展每一个学生的优势潜能。"① 坚持把握每一个学生的学习优势，基于学生的学习优势潜能进行教学，为不同的学生设计基于其优势的学习活动，提供基于其优势的学习资源，只有这样才能真正面向全体学生，为每一个学生的发展提供所需的学习要素。我校以"博观而约同的语言学习"为课程理念，以打造"生本生态课堂"为具体平台，依托"VIGOR英语"，促进"文化兼收并蓄"，落实核心素养。

VIGOR英语是富生命力的英语，其中每个字母代表的含义如下：

VIGOR英语是多才多艺的英语， V-Versatile：孩子们在课程活动中，勇于展示自我各种能力，激发学习潜能，增进学科融合。

VIGOR英语是富有创新精神的英语， I-Innovative：孩子们的创新思维能力、思辨能力和学习能力在课程活动中得到发展，思维品质得到提升。

VIGOR英语是真实的英语， G-Genuine：孩子们在真实的情境中学习语言，对比中西方文化的不同，辨证地学习吸收优秀文化，成为一个真正的语言学习者。

VIGOR英语是乐观的英语， O-Optimistic：孩子们积极学习，在学习中收获知识和友谊，养成积极乐观的心态。

VIGOR英语是足智多谋的英语， R-Resourceful：孩子们在课堂活动中，碰撞思维火花，妙趣横生，满足学生个性发展的需求。

---

① 顾明远. 学习和解读《国家中长期教育改革和发展规划纲要（2010—2020年）》[J]. 北京：高等教育研究，2010：5.

总之，"VIGOR 英语"是有"温度"的英语，孩子们在英语实践活动中感悟家国情怀，熏陶爱国主义教育和树立正确的文化信仰。"VIGOR 英语"是有"厚度"的英语，在英语实践活动中巧妙设计各种活动，提高英语学习的能力和实际运用语言的能力。"VIGOR 英语"是有"广度"的英语，学生在英语实践活动中监控和调整自己的英语学习目标、学习策略、学习方式和学习过程，自然习得语言，享受英语学习的乐趣，滋养灵魂。

第二部分　学科课程目标

一、学科课程总体目标

《义务教育英语课程标准（2011 年版）》中指出义务教育阶段英语课程的总目标是："通过英语学习使学生形成初步的综合语言运用能力，促进心智发展，提高综合人文素养。综合语言运用能力的形成建立在语言技能、语言知识、情感态度、学习策略和文化意识等方面整体发展的基础之上。"① 学生发展核心素养旨在融合知识与技能、过程与方法，情感、态度与价值观，使之相互渗透，协调发展，因而更突出了学生的整体、协调发展。英语学科核心素养由语言能力、文化品格、思维品质和学习能力构成，这四个要素相互渗透、融合互动、协调发展，实现育人目标。

基于对英语课程标准的研读和理解，我校"VIGOR 英语"课程体系力求让学生在活动中自然习得语言，享受英语学习的乐趣，滋养灵魂，分别从语言能力、思维品质、文化品格和学习能力方面制定以下总目标：

（一）语言能力

学生在社会情境中通过听、说、读、看、写等方式，在习得语言的过程中初步形成语言意识和语感。通过"VIGOR 英语"课程的实施和开展，教师运用多模态等教学方法进行教学，激发学生学习兴趣，学生通过多种感官参与学习，生成双赢互惠的课堂。

---

① 中华人民共和国教育部. 义务教育英语课程标准（2011 年版）[S]. 北京：北京师范大学出版社，2012：8.

（二） 文化品格

语言是文化的外壳。文化是指所学语言国家的历史地理、风土人情、传统习俗、生活方式、行为规范、文学艺术、价值观念等。在"VIGOR 英语"课程实施过程中，结合课本各册书中不同的文化主题，让学生在学习中感受中外文化的异同，增强国家认同感和家国情怀，坚定文化自信。

（三） 思维品质

思维品质是指思维在逻辑性、创新性等方面表现的能力和水平。在"VIGOR 英语"课程实施过程中，结合课本各册书中不同主题的话题，依据语料设计不同梯度的问题。如：在 Read and Write 板块中，读后环节的设计有利于发展学生逻辑性思维和创新性思维的高阶问题。

（四） 学习能力

学习能力是指学生积极运用和主动调适学习策略、提高学习效率的能力。学习能力主要包括元认知策略、认知策略、交际策略和情感策略。在"VIGOR 英语"课程实施过程中，针对孩子们在不同时期的认知水平和接受能力，开设不同的课程。孩子们不仅学习语言知识和语言技能，还习得自我管理等学习习惯，养成良好的学习心态。

二、学科课程各年段目标

根据英语课程标准要求，我校制定了各年级的英语课程目标。这里以四年级为例，阐述年级课程目标的设计。（见表 7 - 1 - 1）

表 7 - 1 - 1　合肥市翠庭园小学"VIGOR 英语"学科四年级课程目标表

学期	单元	基础性目标	拓展性目标
第一学期	Unit 1	1. 能够听、说、读、写有关教室物品的单词。 2. 通过观察教室里的物体，提高观察能力。 3. 激发学生珍惜和维护自己教室的责任心。	1. 通过学习海尼曼有声绘本，训练孩子听音辨词的能力，让孩子听力先行，扩大孩子的听力词汇。 2. 通过阅读丽声北极星分级绘本（三），拓展孩子的知识面，提高阅读能力。
	Unit 2	1. 能够听、说、读、写有关书包里物品的单词。 2. 能简单描述书包里的物品，提高对生活中物品的观察、归纳和整理能力。 3. 了解教科书的重要性，教育学生爱惜书本。	
	Unit 3	1. 能够听、说、读、写有关人物特点的单词。 2. 了解外貌描述中的文化禁忌，初步了解中西方文化的差异。	

学期	单元	基础性目标	拓展性目标
	Unit 4	1. 能够听、说、读、写有关居室的单词。 2. 了解中西方家居环境的不同，拥有国际视野。	3. 通过"演员请就位"故事表演，加深孩子们对英语小故事的理解，增强孩子们开口说英语的自信心。 4. 通过"朗读者"故事朗诵活动，让孩子们展现自己平日的阅读成果，增强孩子们持续学习英语的兴趣。
	Unit 5	1. 能够听、说、读、写有关食物和餐具的单词。 2. 初步了解中西方餐饮文化的差异，懂得用餐礼仪，能够对用餐建议做出恰当反应。	
	Unit 6	1. 能够听、说、读、写有关家庭成员的单词。 2. 能够体会并表达对家庭和生活的热爱之情，同时了解英语国家中家庭成员之间的称呼习俗。	
第二学期	Unit 1	1. 能够听、说、读、写有关学校设施的单词。 2. 能养成文明待人的好习惯，并以得体的方式向客人介绍自己的学校。	1. 通过学习海尼曼有声绘本，训练孩子听音辩词的能力，培养孩子的语感。 2. 通过阅读丽声北极星分级绘本（四），扩大孩子的词汇量，初步接触复合句。孩子们在有趣的阅读中自然内化语法知识。 3. 通过"演员请就位"故事表演，让孩子们注意到英语语音、语调起伏的情绪表现力，让孩子们在真实的表演中感受英语运用的快乐。 4. 通过"朗读者"故事朗诵活动，让孩子们阅读经典，分享故事和感悟，帮助孩子们养成良好的英语阅读的习惯。
	Unit 2	1. 能够认读有关日常活动类的短语，如 get up。 2. 通过时刻表和作息图等，让孩子在实践中合理规划自己的时间，养成热爱生活的良好品德。	
	Unit 3	1. 能够听、说、认读天气类单词。 2. 了解世界各地的天气情况，讨论和探究造成全球不同气候的原因，培养孩子的探求思维能力。	
	Unit 4	1. 能够听、说、读、写有关蔬菜的单词。 2. 了解粮食的重要性，知道要爱惜粮食。	
	Unit 5	1. 能够听、说、读、写有关服装类的单词。 2. 通过让孩子尝试创编对话，培养孩子及时整理收纳物品的习惯。	
	Unit 6	1. 能够听、说、认读有关商品的单词。 2. 创设合理情境，让孩子能以得体的方式进行商品的交换，感受英语的实用性，从而达到语用的目的。 3. 了解中西方常用的货币符号，感知中西方文化习俗的差异。	

第三部分　学科课程框架

《教育部关于全面深化课程改革　落实立德树人根本任务的意见》指

出:"立德树人是发展中国特色社会主义教育事业的核心所在,是培养德智体美全面发展的社会主义建设者和接班人的本质要求。课程是教育思想、教育目标和教育内容的主要载体,集中体现国家意志和社会主义核心价值观,是学校教育教学活动的基本依据,直接影响人才培养质量。"[①] 基于此,为了进一步细化我校英语课程的核心理念——"博观而约同的语言学习",我校以生为本,通过课堂教学和各种课外活动在不同学段给予学生大量的语言输入和输出机会,为学生综合语言运用能力的发展添砖加瓦。

一、学科课程结构

《义务教育英语课程标准(2011 年版)》指出"英语学习具有明显的渐进性和持续性特点。"[②] 语言学习持续时间长,而且需要逐渐积累。基于此,我校英语课程结构把听、说、读、写和语言的综合运用 5 大要素整合为 4 个要素,即:生命力听读、生命力悦读、生命力交际和生命力荟萃。课程结构图如下。(见图 7 - 1 - 1)

图 7 - 1 - 1　合肥市翠庭园小学"VIGOR 英语"课程结构图

---

① 顾明远. 学习和解读《国家中长期教育改革和发展规划纲要(2010—2020 年)》[J]. 北京:高等教育研究,2010:5.

② 中华人民共和国教育部. 义务教育英语课程标准(2011 年版)[S]. 北京:北京师范大学出版社,2012:3.

具体内容如下：

（一）生命力听读

通过分级、分层的听读课程，让孩子们接触、倾听真实、准确且符合年龄特征的大块语料，并模仿语音、语调。这既有助于提升孩子学习英语的乐趣，也有利于学生习得地道的口语。其中低段以听读经典童谣和韵律诗为主，中高段以听读有声绘本、经典电影为主。

（二）生命力悦读

通过自然拼读和分级绘本阅读，让孩子们接触教材以外更多的阅读材料，拓宽阅读范围，拓展阅读维度，丰富阅读内容，在有情境的故事中习得单词和句型，有利于提升孩子的语言敏感度，同时将语言与实际生活相联系，达到学以致用的目的。

（三）生命力交际

通过设置多情境、多层次的活动为孩子们创设语用环境，锻炼孩子们的表达能力，培养孩子们学英语的兴趣，增强孩子们说英语的自信心。低段以"你画我说""你做我猜"等趣味性活动为主，中高段则从看图说话逐步过渡到话剧表演。

（四）生命力荟萃

通过举办丰富多彩的英语比赛和活动，让孩子们体验学习英语带来的挑战和快乐。低段以经典英语儿歌比赛为主，中高段学习实践活动形式更加丰富，包括口袋书制作比赛、故事朗诵、手抄报比赛和学校特色英语文化节等。

二、学科课程设置

"VIGOR 英语"以课程目标的达成和核心素养的落实为出发点，围绕"博观而约同的语言学习"的学科理念，设置如下课程。（见表 7-1-2）

表 7-1-2　合肥市翠庭园小学"VIGOR 英语"学科课程设置表

学段 ＼ 课程		生命力听读	生命力悦读	生命力交际	生命力荟萃
一年级	第一学期	声声入耳（经典童谣）	自然拼读 A-Z（瑞格叔叔 1）	你画我说	萌音歌舞秀（儿歌比赛）

学段 / 课程		生命力听读	生命力悦读	生命力交际	生命力荟萃
	第二学期		自然拼读 Vowels（A-E）（瑞格叔叔1）		
二年级	第一学期	声声入耳（经典童谣）	Sight words（瑞格叔叔2）	你做我猜	萌音歌舞秀（儿歌比赛）
	第二学期		Sight words（瑞格叔叔2）		
三年级	第一学期	声韵启蒙（韵律诗）	丽声北极星分级绘本一	天马行空（看图说话）	魔法口袋（口袋书比赛）
	第二学期		丽声北极星分级绘本二		
四年级	第一学期	听音辨词（海尼曼有声绘本）	丽声北极星分级绘本三	演员请就位（故事表演）	朗读者（故事朗诵）
	第二学期		丽声北极星分级绘本四		
五年级	第一学期	月章星句（迪士尼神奇英语）	丽声北极星分级绘本五	演员请就位（绘本表演）	妙笔生花（手抄报比赛）
	第二学期		丽声北极星分级绘本六		
六年级	第一学期	有声有色（迪士尼经典电影）	RAZ绘本	话剧魅影（话剧表演）	采桑子英语文化节
	第二学期		RAZ绘本		采桑子英语文化节（母亲节）（父亲节）

第四部分 学科课程实施

基于"VIGOR英语"课程理念，英语学科通过构建"生本生态课堂"、举办"采桑子英语节"、打造"广玉兰英语社团"、开展"生命力荟萃"活动等多种路径推进课程实施，依据本校学情，由浅入深，分年级、分学期实施。

一、打造"生本生态课堂"，推动学科课程实施

"生本生态课堂"是教师、知识、学生生命在课堂环境下的共振共生，整

体提升。生本生态课堂将分级读物与主教材进行有效整合，丰富教材内容，培养孩子英语学习兴趣，提高孩子英语学习能力，满足孩子个性发展的需求。

《义务教育英语课程标准（2011 年版）》中指出："英语课程应根据教和学的需求，提供贴近学生、贴近生活、贴近时代的英语学习资源。"[①] 我校根据学生的实际水平和发展需要，以激发学生的学习兴趣为原则，尝试将课本与绘本整合，设计灵活多变的教学方法和多元的评价机制，突出学生的自主学习，意在"生成一个深度卷入、思维绽放的教学形态"[②]，让学生体会到语言学习的乐趣，养成自主学习的习惯。（见表 7-1-3）

表 7-1-3　合肥市翠庭园小学"VIGOR 英语"课堂学习教材主题融合表

	教材单元	教材主题	绘本书名	绘本主题
一年级第一学期	1. Parts of my body	Parts of body	Uncle Craig's phonics 1	Letter name & letter sound（A-H）
	2. Animals	Describing animals	Uncle Craig's phonics 1	Letter name & letter sound（I-Q）
一年级第二学期	3. Colors	School Life	Uncle Craig's phonics 1	Letter name & letter sound（R-Z）
	4. Activities	Abilities	Uncle Craig's phonics 1	Vowels（A-E）
二年级第一学期	1. My Numbers	Numbers	Uncle Craig's phonics 2	Sight words（A-F）
	2. In the morning	Daily routines	Uncle Craig's phonics 2	Sight words（G-M）
二年级第二学期	3. Means of transport	Transportation	Uncle Craig's phonics 2	Sight words（N-S）
	4. Health Food	Food	Uncle Craig's phonics 2	Sight words（T-Z）
三年级第一学期	1. Hello	School Life	My Noisy Schoolbag	School Life
	2. Colors	Colours	What Are You Doing?	Colours
	3. Look at me	Parts of body	I Can See	Parts of body
	4. We love animals	Animals	Tiger Is Coming	Animals
	5. Let's eat	Food and Drinks	A Day with Monster Toon	Food and Drinks
	6. Happy birthday	Numbers	Fox and Mother Hen	Numbers

① 中华人民共和国教育部. 义务教育英语课程标准（2011 年版）[S]. 北京：北京师范大学出版社，2012：4.
② 霍文保. 小学高年级故事教学中的板书设计 [J]. 英语学习，2016：37.

	教材单元	教材主题	绘本书名	绘本主题
三年级第二学期	1. Welcome back to school	Countries	Snail's adventure	Countries
	2. My family	Family members	Can you play with me?	Family members
	3. At the zoo	Describing animals	Prince Seb's pet	Describing animals
	4. Where is my car?	Position	Caterpillar's home	Position
	5. Do you like pears?	Fruits	What did you get?	Fruits
	6. How many?	Numbers	The King's yu player	Numbers
四年级第一学期	1. My classroom	School life	Zob at school	School life
	2. My schoolbag	School subjects	Mini the superhero	School subjects
	3. My friends	Friends	Tortoise and his friends	Friends
	4. My home	Rooms in Homes	A quiet house	Rooms in Homes
	5. Dinner's ready	Food	Dinner for a dragon	Food
	6. Meet my family	Family in a box	Puppy in a box	Puppy in a box
四年级第二学期	1. My school	School facilities	Are you lost, Zob?	School facilities
	2. What time is it?	Daily routines	The angry dragon	Daily routines
	3. Weather	Weather	Eek, spider	Weather
	4. At the farm	Animals and plants	The village show	Animals and plants
	5. My clothes	Clothes	World book day	Clothes
	6. Shopping	Shopping	Sara's medicine	Shopping
五年级第一学期	1. What's he like?	Personal information	The new teacher	Personal information
	2. My week	Daily routines	Zob is bored	Daily routines
	3. What would you like?	Food and drinks	The street party	Food and drinks
	4. What can you do?	Interests and hobbies	Emma's Birthday	Interests and hobbies
	5. There is a big bed	Household items	The empty room	Household items
	6. In a nature park	Nature	Toby and the Eagle	Nature

	教材单元	教材主题	绘本书名	绘本主题
五年级第二学期	1. My day	Daily routines	Fish!	Daily routines
	2. My favorite season	Seasons	A long wait	Seasons
	3. My school calendar	Months	The best time of all	Months
	4. When is the art show?	Festivals and Holidays	Don't forget your homework.	Festivals and Holidays
	5. Whose dog is it?	Describing animals	Whose dog?	Describing animals
	6. Work quietly!	Rules	The class trip	Rules
六年级第一学期	1. How can I get there?	Traffic rules	Red Light, Green Light	Traffic rules
	2. Ways to go to school	Transportation	We all go travelling by	Transportation
	3. My weekend plan	Daily routines	A day in our lives	Daily routines
	4. I have a pen-pal	Interests and hobbies	I am a gymnast	Interests and hobbies
	5. What does he do?	Jobs	Doctor Jen	Jobs
	6. How do you feel?	Emotion and feeling	Knock! knock!	Emotion and feeling
六年级第二学期	1. How tall are you?	Describing objects	Greater than	Describing objects
	2. Last weekend	Daily routines	Farm friends	Daily routines
	3. Where did you go?	Daily routines	To the store	Daily routines
	4. Then and now	Daily routines	The food chain	Daily routines

围绕"生命力听读、生命力悦读、生命力交际、生命力荟萃"四个方面进行课程构建，从而形成"VIGOR 英语"课程。

二、举办"采桑子英语节"，乐享英语之趣

《义务教育英语课程标准（2011 年版）》中指出："英语课外活动是学生

英语学习的重要组成部分，能为学生的语言实践和自主学习提供更大的平台。课外活动要有助于激发和提升学生学习英语的兴趣、丰富语感、开阔视野、增长知识、发展智力和塑造性格。"[①] 基于此，"采桑子英语节"是有温度、有厚度、有广度的英语活动，孩子在活动中动脑、动手，学有所思、学有所得，学习能力增强，学科核心素养的种子悄悄埋于心间。

我校以"活力课程"为载体，以"博观而约同的语言学习"为英语学科课程理念，通过开展"儿歌比赛""口袋书比赛""故事朗诵""手抄报比赛"等活动，意在巩固学生语言知识，提高学生的学习能力，将课本知识用于生活实际，享受学习英语带来的乐趣，增强学习的动力。具体课程的设立与实施如下。（见表7-1-4）

表7-1-4 合肥市翠庭园小学"采桑子英语节"课程的设立与实施表

课程名称	课程内容	组织实施
儿歌比赛	以课本歌谣和经典童谣为主要内容。	1. 在课堂中进行小组唱歌比赛。 2. 每学年一次儿歌比赛，以学生报名为主，班主任老师推荐为辅，统一时间和地点进行比赛。
口袋书比赛	以制作课本单词卡和句型卡，以及绘本口袋书为主要内容。	学生依据课本，总结与单元主题和话题相关词汇和句型，制作卡片，并制作本学期最喜欢的绘本口袋书，也可以自我创编新绘本。
故事朗诵	以课本故事、绘本故事、经典话剧为主要选材，也可自我创编故事。	1. 学生需自做PPT，也可添加背景音乐。 2. 优秀节目可推荐参加校园文化艺术节展演。
手抄报比赛	以课本内容、寒暑假生活和中西方重要节日为载体，手绘相关主题的手抄报。	以月为单位，学校组织特定教师对手抄报进行评比，并在校内展示。

三、建立"广玉兰英语社团"，徜徉于英语学习的海洋

《义务教育英语课程标准（2011年版）》中指出："在英语教学中，除了合理有效地使用教科书以外，还应该积极开发和利用学校的各种资源，为学生提供丰富、真实的学习语言和使用语言的机会。"[②] 基于此，我校英语学

---

① 中华人民共和国教育部. 义务教育英语课程标准（2011年版）[S]. 北京：北京师范大学出版社，2012：31.

② 中华人民共和国教育部. 义务教育英语课程标准（2011年版）[S]. 北京：北京师范大学出版社，2012：42.

科试图以创办社团为途径，满足学生的个性发展需求，培养具有核心竞争力的爱国小公民。

提升"广玉兰英语社团"品质是我校英语组一直追求的方向，通过创办广玉兰俄语社、广玉兰配音社和广玉兰阅读社，为学生的英语学习启蒙做好准备。

广玉兰俄语社：邀请安徽农业大学外国语学院俄语系教师来校授课，主要通过介绍俄语的历史发展和国家风土人情，以及讲授基础的俄语启蒙课，让学生感知不同语言的魅力。

广玉兰配音社：以英语"趣配音"为载体，通过观看经典动画片和电影中的短视频、逐字逐句的模仿其发音并根据字幕提示词语给动画配音等方式，来提升学生的语音、语调和语感，增强学习英语的自信心。

广玉兰阅读社：针对课本中不同的单元主题，推荐相关阅读书籍，给出书籍推荐清单。定期开展阅读交流会和书友会，增加学生的课外阅读量，逐步提高学生英语阅读的兴趣。

四、开展"生命力荟萃"活动，践行实践学习活动观

《义务教育英语课程标准（2011年版）》中指出："英语课外活动是学生英语学习的重要组成部分，能为学生的语言实践和自主学习提供更大的平台。"[①] 在英语实践活动观的指导下，我校针对不同年级，开展了"生命力荟萃"活动，具体内容如下：

1. 儿歌比赛——激趣入门课。通过吟唱经典童谣，鼓励学生张口模仿语音、语调，感受英语学习的美好。日常教学中分小组比赛，吟唱童谣和儿歌。每学年结束时，同一年级组统一时间和地点举行一次儿歌比赛。

2. 口袋书比赛——巧设比赛，引爆思维。以课本和绘本为载体，通过制作课本单词卡和句型卡为主要课堂拓展内容，给学生提供温故而知新的机会，学生在活动中多种感官参与作业，提升了概括、归纳能力。学生依据课本，总结与单元主题和话题相关词汇和句型，制作卡片，并制作本学期最喜

---

① 中华人民共和国教育部. 义务教育英语课程标准（2011年版）[S]. 北京：北京师范大学出版社，2012：31.

欢的绘本口袋书，也可以自我创编新绘本。

3. 故事朗诵——精设比赛，发展思维。通过故事朗诵培养孩子的英语表达能力和舞蹈表演能力，提升学生对于文本的理解能力，感受语言学习带来的不同文学体验。

4. 手抄报比赛——妙设比赛，延伸思维。手抄报制作集绘画、书写、资料搜集和整合为一体，学生需整合多种能力，参与活动，增加了社会实践的机会。手抄报的内容主题为文化，取材可以来源于课本、生活。可以通过节日小报、文化知识介绍、单元主题活动展示等形式开展，让孩子了解更多的中西方文化知识，渗透中西方文化对比，培养跨文化交际意识。

第五部分　学科课程管理

一、价值引领：确立共同价值追求

翠庭园小学英语学科课程致力于发展孩子们的听、说、读、写、看技能，提高孩子们的综合人文素养，经过对英语教材的充分讨论和分析，结合教学实际，开发并准备实施"VIGOR 英语"课程。我校英语组以"让每一抹翠色博观而约同"为课程理念，以打造"生本生态课堂"为具体平台，依托"VIGOR 英语"，促进"文化兼收并蓄"，落实核心素养。

二、专业发展：促进课程有效实施

为了保障"VIGOR 英语"课程建设稳妥地进行，创造高品质的英语教研氛围，学校成立英语教研小组。小组内老师积极参加教研活动，让老师与老师之间有更多的探讨与交流，把个人的见解与大家进行分享，发现自己工作的不足，并及时进行调整，从而确定自己的教学方向。

三、制度构建：保证课程有序推进

英语组每周三召开教研会，每月都会有教学观摩会，交流和总结英语课程的实施情况，以保证课程的开发与实施，并开展师徒结对的青蓝工程。

1. 课程培训制度。小组长要经常组织教师学习和培训，促进教师的专业成长，提高教师的研发能力。利用区域联动给予的教学资源，积极号召老师们更新教学观念，学以致用。

2. 教研活动制度。利用每周三的教研活动，研讨阶段内课程进展的得失。加强教师之间的交流，共同促进，共同提高。

3. 课程质量监测制度。定期开设公开课展示教研成果，邀请区内优秀教研团队莅临指导，给出修改意见或建议，及时修订，确保校本课程的有效实施。

4. 奖励制度。校本课程纳入绩效统计，优秀教师在期末评优时优先考虑。

四、评价导航：引导课程优质实施

课程评价对学校课程发展起着重要的导向和质量监控作用，课程评价的科学与否直接影响着学校课程的规划与实施的效果。

1. 对课程的评价。我校"生命力英语"课程关注不同年龄阶段孩子的内在发展，珍视每个孩子的个性感受，在选择中尊重个性自由。每学期结束，召开"生命力英语"课程成果展示。结合学校每年 6 月的"校园文化艺术节"以及迎六一大型活动，专门制定方案，开设丰富多彩的汇报活动，将学生在课程学习中的成果以表演、作品展示、现场制作等多种方式进行汇报，由教师、家长、学生分别评价，对教师的课程开发能力、课程的执行力、课程效果进行评价，最终对课程的教学情况进行总评。

2. 对学生的评价。每年评选出活力少年，展示于校园的活力墙。评选活动不仅关注学生的学业成绩，更要关注学生的情感发展、心理健康和个性发展。它可以为教师了解、研究学生提供参考依据，有助于学生学习质量的提高，促进学生人格的发展，有利于学生特长和优势的发挥和发展。

五、安全保障：确保课程稳妥推进

为保障课程工作的顺利实施，定期检查校内课程实施场地设备的安全，加强安全防范。涉及校外课程实施时，要先拿出安全预案，如：线路图等。更要进行实地考察，以保障课程实施的安全。积极筹措资金，确保课程的有序实施，如：利用校图书馆购书资金，充实图书资源。也可以开发利用社会赞助，确保各项活动有序进行。

（撰稿人：仇瑞　马其玄　程世慧）

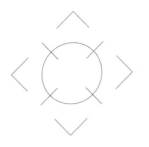

SMART English: 让英语学习变得灵活有趣

　　合肥市十里庙小学现有英语教师 6 人，其中蜀山区骨干教师 1 人，蜀山区优秀教师 2 人。我校英语教研组致力打造"One team，one dream！"的教研文化，秉承"团结互助，研思结合"的原则，形成具有特色的英语学科教学。多名教师在国家、省、市、区级的优质课、录像课、微课、论文、基本功大赛等评比中获得优异成绩。我校依据教育部《关于全面深化课程改革落实立德树人根本任务的意见》及《义务教育英语课程标准（2011 年版）》等，推进我校英语学科课程建设，取得了显著成效。

第一部分　学科课程哲学

一、学科价值观

　　《义务教育英语课程标准（2011 年版）》指出："义务教育阶段的英语课程具有工具性和人文性双重性质。"[①] 语言教学不仅是为了培养学生交流、沟通的能力，更重要的是在语言教学过程中，关注对学生的意志品格、正确的价值观、自主学习意识与能力以及良好的学习习惯的培养。基础教育阶段英语课程的任务是：激发和培养学生学习英语的兴趣，使学生树立自信心，养成良好的学习习惯和形成有效的学习策略，发展自主学习的能力和合作精

---

① 中华人民共和国教育部. 义务教育英语课程标准（2011 年版）[S]. 北京：北京师范大学出版社，2012：2.

神；使学生掌握一定的英语基础知识和听、说、读、写技能，形成一定的综合语言运用能力；培养学生的观察、记忆、思维、想象能力和创新精神；帮助学生了解世界和中西方文化的差异，拓展视野，培养爱国主义精神，形成健康的人生观，为他们的终身学习和发展打下良好的基础。

基于以上认识，我校英语组认为，英语课程的学习，既是学生通过英语学习和实践活动，逐步掌握英语知识和技能、提高语言实际运用能力的过程；又是他们磨砺意志、陶冶情操、拓展视野、丰富生活经历、开发思维能力、发展个性和提高人文素养的过程。

二、学科课程理念

为了使学生能够合理、稳步扎实、持续地学习英语，获得综合语言能力，我校英语组提出以"SMART English"为核心的英语学科课程理念，即"让英语学习变得灵活有趣"，旨在从听说、阅读、写作和表演四个方面，凸显英语学习的灵活性和趣味性，具体诠释为以下意义：

S—Self-confident 自信的：树立学生的学习自信，使学生成为大方、得体、独立、自信的人。

M—Motive 积极的：培养学生的学习动机和兴趣，使学生成为积极、主动、有理想、有创新意识的人。

A—Active 活跃的：活跃学生的学习思维，使学生成为有灵气、有活力、有行动力、有思想的人。

R—Rounded 全面的：促进学生的全面发展，使学生成为有健康体魄、有良好习惯、有高尚品格的人。

T—True 正确的：培养学生正确的人生观、价值观和世界观，使学生成为有道德、有纪律、有公民意识的人。

总之，"SMART English"课程旨在以提高学生的学习兴趣为出发点，以灵活性、创新性、趣味性和发展性为设计原则，不断发展学生的综合能力。

第二部分　学科课程目标

教育部在 2014 年印发《关于全面深化课程改革　落实立德树人根本任务的意见》中，首次提出"核心素养体系"概念。学生的核心素养是指学生应具备的、能够适应终身发展和社会发展需要的必备品格和关键能力。语言能力是学科基础，学习能力是发展条件，思维品质是心智特征，文化意识是价值取向。

基于以上认识，我校创设了"SMART English"课程群，从语言能力、学习能力、思维品质和文化意识四个方面来全面提高学生的综合人文素养。

一、学科课程总体目标

（一）语言能力

能够掌握 400—500 个四会单词；能够掌握字母及字母组合的发音规则；能够学唱 15—20 首英文儿歌或歌谣；能够学会有关颜色、食物等主题的对话和语篇；能够了解中西方文化差异。

（二）学习能力

能够正确读写字母、单词和句子；听懂常用指令，并做出适当反应；能够在情景中运用相关句型进行询问和回答；能够读懂对话、故事或绘本；在教师指导下表演小故事或小短剧；在特定情境下进行简单的英语口语交际；根据图片和关键词的提示写出小短文。

（三）思维品质

能够保持持续的学习兴趣，并在生活中主动接触英语；能专心听讲、积极与他人合作交流；能制定合理的学习计划，对所学知识进行归纳总结；能运用所学知识进行表达和交流；能够感受祖国文化的博大精深，激发对祖国的热爱之情。

（四）文化意识

能够了解中西方国家文化差异；能够尊重不同国家的文化习俗；能够主动探索文化差异；能够具有较强的祖国意识和国际视野。

以上四个方面相辅相成，既有利于学生综合语言运用能力的形成，又有利于学生思维能力的发展，从而促使学生的综合人文素养得到全面提升。

二、学科课程年段目标

为了更有效地实现"SMART English"的课程目标，现结合我校英语课程，以四年级为例，阐述年级课程目标的设计。（见表 7-2-1）

表 7-2-1　合肥市十里庙小学"SMART English"学科四年级课程目标表

学期	单元	基础性目标	拓展性目标
第一学期	Unit 1	1. 能够在情景中运用句型询问并回答物品的位置、教室里的物品和设施，提出行动建议并做出正确回应、描述教室里物品的颜色。 2. 能够掌握 a-e 在单词中的发音规则。 3. 学习礼貌言行，能够对请求、道歉等行为做出恰当回应。	1. 通过"经典英文儿歌（上）"课程的学习，学唱与单元主题相关的 12 首经典英文儿歌，使学生在轻松愉悦的氛围中学习和巩固重点词汇和句型。 2. 通过"丽声分级绘本二级（上）"课程的学习，使学生了解并掌握有关学校生活、学习科目、朋友、家居、食物、家庭成员等主题的知识，运用正确的阅读策略获取关键信息，发挥想象并利用本课所学创编故事。 3. 通过"思维导图（上）"课程的学习，使学生学会用思维导图的形式总结归纳各单元的知识点，提升独立自主学习的能力。 4. 通过"快乐餐厅"课程的学习，使学生了解并掌握有关食物和餐具的词汇；了解用餐礼仪和中西方餐饮文化的差异；知道英语国家中典型的食品和饮料的名称。
	Unit 2	1. 能够在情景中运用句型询问并回答书包里有什么物品，并描述物品的颜色。 2. 能够掌握 i-e 在单词中的发音规则。 3. 能够了解 Hope School（希望学校）和 Lost & Found（失物招领）的含义。	
	Unit 3	1. 能够在情景中运用句型描述人物的性格和外貌特征、询问并回答他人姓名、描述人物的外貌特征和衣着打扮。 2. 能够掌握 o-e 在单词中的发音规则。 3. 能够了解外貌描述中的文化禁忌。	
	Unit 4	1. 能够在情景中运用句型询问并回答人物和物品的位置，并描述家里的居室及物品设施。 2. 能够掌握 u-e 在单词中的发音规则。 3. 能够感受家的温馨，从而激发学生爱家、爱家人的情感。	
	Unit 5	1. 能够在情景中运用句型征求并表达用餐意愿、提出用餐建议和餐具使用建议，并恰当回应。 2. 能够掌握-e 在单词中的发音规则。 3. 能够了解用餐礼仪和中西方餐饮文化的差异。	
	Unit 6	1. 能够在情景中运用句型询问并回答家中有几位家庭成员、某人与说话方的亲属关系及其职业情况。 2. 能够掌握 a-e，i-e，o-e，u-e，-e 在单词中的长音发音规则。 3. 能够了解英语国家中家庭成员之间的称呼习俗。	

学期	单元	基础性目标	拓展性目标
第二学期	Unit 1	1. 能够在情景中运用句型询问并回答方位、近处或远处的事物，对方是否拥有某事物，并描述教室里的物品和设施、学校教室和场馆及其大致位置。 2. 能够掌握字母组合 er 的发音规则。 3. 能够了解英语中简单的问候语和告别语。	1. 通过"经典英文儿歌（下）"课程的学习，学唱与单元主题相关的 12 首经典英文儿歌，使学生在轻松愉悦的氛围中学习和巩固重点词汇和句型。
	Unit 2	1. 能够在情景中运用句型询问时间并回答，描述即将要做的事情，并描述自己的日常活动。 2. 能够掌握字母组合 ir/ur 的发音规则。 3. 能够了解地球上不同时区在同一时刻的时间是不同的。	2. 通过"丽声分级绘本二级（下）"课程的学习，使学生了解并掌握有关学校设施、日常活动、天气、动植物、衣物、购物等主题的知识，运用正确的阅读策略获取关键信息；发挥想象并利用本课所学创编故事。
	Unit 3	1. 能够在情景中运用句型询问他人意见、天气情况并回答、描述气候特征和天气情况。 2. 能够掌握字母组合 ar/al 的发音规则。 3. 能够了解气温描述中的文化差异、了解华氏及摄氏温度的概念。	
	Unit 4	1. 能够在情景中运用句型询问并回答各种蔬菜或动物的名称、描述物品特点，并简单介绍各种农场动物及蔬菜。 2. 能够掌握字母组合 or 的发音规则。 3. 能够了解几条与动物相关的英语习语。	3. 通过"思维导图（下）"课程的学习，使学生进一步学会用思维导图的形式总结归纳各单元的知识点，提升独立自主学习的能力；遇到问题能主动请教，并克服困难。
	Unit 5	1. 能够在情景中运用句型询问和回答物品的主人，并简单介绍衣着。 2. 能够掌握字母组合 -le 的发音规则。 3. 能够了解一些服装的英文名称。	4. 通过"开心购物"课程的学习，使学生了解并掌握有关衣物和尺码的词汇；了解衣服大中小号的英文表达以及主要英语国家的货币名称及符号。
	Unit 6	1. 能够在情景中运用句型请求试穿某件衣物并告知尺码，询问对某商品的意见，问答某商品的价格，并简单介绍衣着和描述价格。 2. 复习 er，ir，al，or，ur，ar，-l 的发音规则。 3. 能够了解衣服大中小号的英文表达以及主要英语国家的货币名称及符号。	

第三部分　学科课程框架

"SMART English"面向全体学生，设置了灵活有趣的系列课程以满足不同年龄和层次学生的需求，逐步提高学生的综合语言运用能力，促进学生灵动个性地成长。

一、学科课程结构

依据《义务教育英语课程标准（2011 年版）》对义务教育阶段英语课程的总目标的要求，我校"SMART English"课程从听说、阅读、写作和表演四个方面将课程分为 SMART Listening & Speaking, SMART Reading, SMART Writing, SMART Performing 四个板块。（见图 7-2-1）

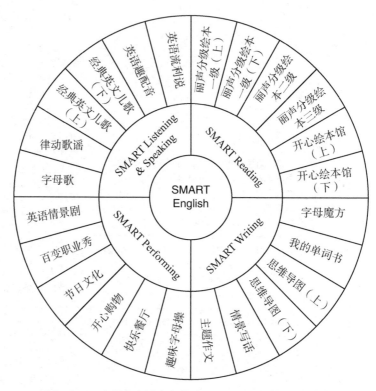

图 7-2-1　合肥市十里庙小学 "SMART English" 课程结构图

上图中，各板块课程具体表述如下：

SMART Listening & Speaking：听说是语言学习的基础，形式多样的听力输入能帮助学生更有效地进行口语输出。课程通过创设视听一体化的语言环境，鼓励学生多听、会说，培养学生对英语语言节奏的敏感度。

SMART Reading：阅读是学习语言的重要途径，阅读范围不能局限于某一个领域，而是要广泛涉及。课程旨在通过为学生提供丰富多彩、生动有趣

的阅读材料，帮助学生拓展知识面，了解更多的西方文化，感受英语阅读的
魅力。

SMART Writing：写作是语言学习重要的输出方式，是将所学知识以文
字的方式呈现出来。课程通过各种体裁和类型的写作任务帮助学生规范书
写，掌握有效的写作技巧与方法。

SMART Performing：表演是英语学习的实践成果，它是语言学习的输出
方式之一，增加了学生对英语的感性认识和理解。课程通过模拟真实的舞台
场景，指导学生使用正确的语音、语调和丰富恰当的肢体语言进行表演，让
学生在快乐的表演中理解语言、感悟语言、习得语言，体会英语学习的
乐趣。

二、学科课程设置

根据"SMART English"课程结构图，结合学校课程资源实际情况，我
校制定了"SMART English"课程设置表。（见表 7 - 2 - 2）

表 7 - 2 - 2　合肥市十里庙小学"SMART English"学科课程设置表

学段	课程	SMART Listening & Speaking	SMART Reading	SMART Writing	SMART Performing
三年级	第一学期	字母歌	丽声分级绘本一级（上）	字母魔方	趣味字母操
	第二学期	律动歌谣	丽声分级绘本一级（下）	我的单词书	动物园之旅
四年级	第一学期	经典英文儿歌（上）	丽声分级绘本二级（上）	思维导图（上）	快乐餐厅
	第二学期	经典英文儿歌（下）	丽声分级绘本二级（下）	思维导图（下）	开心购物
五年级	第一学期	英语趣配音（上）	丽声分级绘本三级（上）	情景写话（上）	我型我秀
	第二学期	英语趣配音（下）	丽声分级绘本三级（下）	情景写话（下）	节日文化
六年级	第一学期	英语流利说（上）	开心绘本馆（上）	主题作文（上）	百变职业秀
	第二学期	英语流利说（下）	开心绘本馆（下）	主题作文（下）	英语情景剧

第四部分　学科课程实施

"SMART English"课程的实施，遵循语言学习的渐进性和持续性规律，紧扣"让英语学习变得灵活有趣"的课程理念，致力营造灵活有趣的英语课堂。

一、打造"SMART English"课堂，推进学科课程的有效实施

在课程实施中，课堂具备"趣、活、真"三个特点，即激发学生学习兴趣，体会学习的乐趣；让课堂"活"起来，学生动起来。

1. "SMART English"课堂是趣味横生的课堂。浓厚的学习兴趣、积极向上的情感，是推动学生学习的强大动力，使学生在学习的过程中，自主体验、认识、发现和创造学习的乐趣。

2. "SMART English"课堂是灵活开放的课堂。它致力于让孩子自然学习成长，着力构建一个焕发学生活力、激发学生创造力的教学环境，让课堂活起来，学生动起来。

3. "SMART English"课堂是追求本真的课堂。坚持"真教、真学、真发展"的教学原则，回归教学本真，努力做到教学内容充实、课堂训练扎实、学生交流真实和教学目标落实。

总之，"SMART English"课堂是回归本真，追求真实的课堂。坚持以学生为主体，以激发兴趣为导向，以灵活开放为原则，以真实发展为目标，全面提升学生的英语语言能力和发展学生的思维品质。

二、倡导"SMART English"课程学习，培养良好的英语学习习惯

"SMART English"课程学习是为了满足学生英语学习和发展的需要，进行的学习资源补充和丰富。

"SMART English"课程内容丰富，可操作性强。课程以学生为中心，以培养学生勤奋学习、主动学习、善于思考、大胆质疑的学习品质和良好的学习习惯为根本目标。

"SMART English"课程是由 SMART Listening & Speaking，SMART

Reading, SMART Writing 和 SMART Performing 四个部分组成，充分利用教学资源，丰富教学手段，关注学生语言能力和学习能力的提升，突显学生思维能力与文化品格的培养。

"SMART English" 课程遵循短课时、高频率的原则，学校可通过长短课结合、课内外配合，开展丰富多彩的英语教学活动。课程内容与课堂教学紧密联系，是课堂教学的有效补充和拓展。

"SMART English" 课程重视激发和培养学生学习英语的兴趣，培养一定的语感和良好的语音、语调基础，引导学生乐于用英语进行简单的交流。

三、设立"SMART English"文化节，激发学生英语学习兴趣

"SMART English" 文化节的课程实施形式丰富多彩，不但能够为学生提供实践语言知识和技能的机会，更能营造轻松、愉快、积极向上的英语校园文化氛围。

课程融入中西方传统节日，让学生了解中西方节日文化及内涵的异同，可以有效地培养学生的文化意识，增强文化交际能力。

"SMART English" 文化节旨在营造浓郁的英语学习氛围，激发学生英语学习的兴趣，为学生搭建展现才华的舞台。我校制定了具体内容及实施。（见表7-2-3）

表7-2-3　合肥市十里庙小学 "SMART English" 文化节活动安排表

月份	节日	主题	活动
二月	春节	我爱家乡	海报展
五月	劳动节	劳动最光荣	书写作业比赛
六月	端午节	品味端午；传承文明	"英"乐之声
十月	国庆节	我爱祖国	英语课本剧
十一月	介绍西方节日文化	感恩亲人	美食秀
十二月	介绍西方节日文化	圣诞风，中国韵	制作贺卡

我校利用节假日和学校的相关活动开展课程，比如歌唱比赛、校园艺术节、六一文艺汇演等，这些都对学生的成长和陶冶情操很有帮助，同时还能

够培养学生的集体荣誉感和竞争意识。

四、建立"SMART English"社团，促进学生全面发展

"SMART English"社团是英语课堂教学的补充和延伸，是校园文化的重要组成部分，是学生扩展兴趣、发展特长、学以致用、发挥潜能的第二课堂，是学生们展示个性和才华的平台。

"SMART English"社团以"拓宽学习途径，以生为本"为课程目标，以"提高英语水平、拓展视野"为培养目标。着力于培养学生对英语口语的兴趣和在真实情境下的自然表达。开设社团活动课程，使学生能在原有知识结构的基础上对所学新知识进行加工，并能实现知识重组、输出，以实现语言能力的提升。

低年级的"英语歌谣"和"英语口语"社团开展形式多样的英语口语活动，中高年级的"英语绘本阅读"和"英语情境表演"社团创设真实的语言交流场景，使语言学习更具立体感和真实感，符合儿童学习发展的规律。

"SMART English"社团打破年级和班级的限制，学生可以根据自己的兴趣和特长，自愿报名并选择学习内容。学校每年开展一次大规模社团活动，鼓励学生积极参加，并邀请老师、家长及社会上的热心人士和媒体参与。学生所学知识在"SMART English"社团活动中得到充分的展示，也得到社会以及老师同学的认可。

五、拓展"SMART English"实践空间，提升英语综合运用能力

拓展"SMART English"实践空间，让学生接触到更贴近生活的信息资源，在实践活动中增强参与意识，提高英语学习兴趣和学科素养。

"SMART English"实践空间鼓励学生主动参与、积极探索、勤于动手，培养学生搜集、处理信息的能力，获取新知识的能力、分析和解决问题的能力以及交流与合作的能力。

"SMART English"实践空间提供多样的活动形式，使学生在学英语过程中，能同时体验思维活动、肢体活动和全身反应活动，进而全方位地解放学生的身心，实现以"动"促学，以"动"促用。

"SMART English"实践空间是一个多向互动、多向反馈和多向影响的

过程。学校每学期开展"SMART English"实践空间成果展示，结合传统活动，如：校园好声音、课本剧汇演、六一文化节等活动，将学生在实践空间学习中的成果进行展示。

六、利用"SMART English"网络学习，促进学习方式的多元化

"SMART English"网络学习是现代社会学习方式的一种潮流，更是未来学习的趋势。

"SMART English"网络学习具有不受时空限制、快速及时、可重复、个性化、交互协作等特点。我校已具备网络全覆盖的条件，每个班级具有一套多媒体设备，学校同时配置了丰富的软件资源，如：云图书馆、英语教学软件和资源等。

"SMART English"网络学习采取校内和校外相结合的形式开展。校内利用多媒体设备进行课堂教学的延伸和补充，校外鼓励学生利用家庭网络完成个性化的学习任务。

"SMART English"网络学习通过英语和信息技术学科的常态有效融合，着力培养学生所必备的使用网络的能力。学生可以在网上快速找到很多学习资源，同时掌握并运用一些常见的搜索方法和技巧，以此提高搜索的效率。学生通过对下载资料的归类与总结，构建知识框架，扩充知识体系，丰富学习内容。教师引导学生有效使用常用社交软件进行网络学习的沟通交流，指导学生建立自己的学习空间，学会搜集、处理、存储网络学习成果。

第五部分　学科课程管理

为了保障"SMART English"课程的顺利实施，实现育人目标，达到教育教学效果，我校制订了以下管理机制。

一、价值引领：确立共同价值追求

学校课程开发始终以学生需要为主要指向，以教师自主为操作手段，以学校特色发展为个性平台。围绕"灵动教育"的教育哲学，提出"让每一个孩子尽情释放天性"的课程理念，在教育教学过程中注重价值引领。在不断

深化教育改革的过程中，让教育教学活动充满智慧和活力，打造"SMART"教师，培育"SMART"学生，显示教师机智灵活的教育教学能力和学生绚丽多彩的"SMART"个性，将"SMART"与学校文化建设有机结合，渗透到学校管理活动的方方面面。"SMART English"课程真正以唤醒学生灵动的生命意识为出发点，培养其灵活的思维特性，塑造其灵敏跃动的性格品质，孕育出充满灵性与活力的鲜活生命个体。

二、专业发展：促进课程有效实施

教师应树立终身学习的理念并不断提升终身学习的能力，以发展自身的专业素养。作为一名英语教师，更要不断地学习，站在语言教学的角度，了解学生语言学习的规律和语言发展的特点，不断增强自身的理论素养和实际教学能力，并将二者有机结合起来，相互促进。

1. 校本研修方面：通过理论学习，更新教育观念，优化教学策略；通过校本研修，充分学习和理解学生核心素养和英语学科素养的关系，落实到学科教学实践中，做学习型、思考型教师；加强教育科研，积极探索高效的课堂教学策略，不断提高教育教学质量。

2. 课题研究方面：立足课堂教学，不断地把相关的教学理念，有效的教学策略运用到实践中。不断地反思总结，以促进教学质量的提升。通过课例研究课堂教学策略，采用情景化的教学方式，优化英语课堂教学；通过培训和反思，及时总结和归纳，提炼教学经验，形成教师个体独特的教学智慧，从而力争形成教师个体和教研组的教学特色。

三、制度构建：保证课程有序推进

依托学校各项制度，制定学科管理制度，运用科学的课程操作模式指导课程的构建，建立完整的课程管理链条，增强课程的持续发展。

1. 学科建设制度。教研组负责学科课程的开发、管理、实施和评价。根据不同教师的个性特点、兴趣特长和对学生的培养目标，结合地区特色资源，开发适合校情和学情的"SMART English"课程，科学制定学期课程计划、周课程设置等。

2. 课程认证制度。我校"SMART English"课程进行了课程认证，成立了课程认证专家组，成员有骨干教师和外请专家，从课程设计、课程内容、学生、师资、资源配备和设施等方面进行论证，提出课程实施的可行性意见。课程认证方式是内部评估、实地调查与评估和召开评估会议等。

3. 课程激励制度。课程激励制度是课程建设与实施的有效推行和保障。"SMART English"课程对教师是巨大的挑战，教师要深入研究教材和挖掘课程内容，付出相当多精力。为了进一步调动教师的积极性和主动性，我校的课程激励与教师的年度考核和评优评先结合起来，鼓励教师积极投入到"SMART English"课程中，不断提高教育教学的质量，达到立德树人的育人目标。

四、评价导航：引导课程优质实施

学校在课程实践过程中，根据课程理念、课程目标和课程实施方式，形成具有"SMART English"特色的评价体系。同时，教育活动以学生的发展为中心，发挥评价的激励导向和质量监控作用，促进学生的全面发展。具体实施如下：

1. 对学生进行全面的评价。能综合运用多种评价手段和方法，多维度地促进学生各项素养的发展，实现"SMART English"课程的目标。比如朗读与阅读测试、口语交际和写作能力测试等，及时发现学生的优势和不足，并引导和帮助学生不断地改进，提高学生的英语综合语用能力，培养学生灵动地、多元地和个性地成长。

2. 对学生进行激励性评价。客观评价学生的学习态度，及时发挥评价的激励功能。评价一个学生学习情况，仅仅考察学生的学习结果和学习能力是不够的，还要关注影响其学习的其他方面，如学生平时作业，合作交流，努力程度等，从而从多个方面发挥评价的激励功能。

五、经费保障：全力支持课程发展

学校保障"SMART English"课程开发所需经费，全力支持"SMART English"课程发展的需求。在物力和人力方面提供充足的保障，添置了"SMART English"课程所需的图书资源，安排了"SMART English"课程的活动场地，增加了"SMART English"课程活动所需的器具与材料，保障了"SMART English"课程老师再学习的需求。学校落实了各项奖励措施，确保课程正常有序的实施，为教师幸福工作、学生健康成长提供良好的条件。

（撰稿人：卢恋　王琴　蓝霄　范国伟）

在上海市教育科学研究院品质课程团队的指导下，合肥市蜀山区英语教研团队积极探索和推进以学科文化为指引的英语学科课程群建设，以期有效提升英语教学品质，发展每位学生的英语核心素养。通过研究、培训、商讨、实践、评估、指导与修正，让以校为本的课程哲学在每一所学校扎实推进，在各英语教研组每位老师的心中落地生根。

本书旨在从学科文化的视角出发，将理论研究和实际案例相结合，阐释学科文化的具体内涵及其对英语课程群建设的指导意义，并以合肥市蜀山区各校的英语课程群方案为例进行具体分析和探讨，呈现我们在英语学科课程群建设中的体验与收获。我们倡导，将学科文化的外显性和内隐性融入于学科课程哲学，将学科文化的总体性和差异性贯穿于学科课程目标，将学科课程文化的规定性和灵活性整合于学科课程结构，将学科文化的系统性与开放性体现于英语学科课程设置，将学科文化的习得性和熏染性植根于英语学科课程实施，将学科文化的多样性和针对性应用于英语学科课程评价，将学科文化的规约性和适应性反映在英语学科课程管理中。其意义在于为发展英语学科课程群提供新的科学视角，并以具体的实践方案为大家提供有效参考。

从理念萌芽到形成初稿和最终完善，我们在这两年中不断学习、思考、调研和讨论。通过文献学习和专家指导，我们明确方向、解决疑惑；通过团队交流和密切合作，我们碰撞想法、共同推进；通过反复斟酌和认真修订，我们钻研文稿、精益求精。这一打磨成书的过程，也体现了我们英语教师研究探索、不断向前的学科文化精神。

然而，本书所呈现的理论框架和实际方案，可能仍有很多不足之处。我们对学科文化的内涵及其与英语学科课程群建设关系的理解或许不够深入，有待与大家共同研究和探讨。

李　红

2021 年 5 月 25 日

学校整体课程规划的七个关键	978 - 7 - 5760 - 0424 - 3	62.00	2021 年 3 月
课堂教学的 30 个微技术	978 - 7 - 5760 - 1043 - 5	52.00	2020 年 12 月
教学诠释学	978 - 7 - 5760 - 0394 - 9	42.00	2020 年 9 月
原点教学:提升区域育人质量的策略研究			
	978 - 7 - 5760 - 0212 - 6	56.00	2020 年 8 月

学校课程发展精品丛书

学科课程群与全经验学习	978 - 7 - 5760 - 0583 - 7	48.00	2021 年 1 月
育人目标与课程逻辑	978 - 7 - 5760 - 0640 - 7	52.00	2021 年 2 月
学科课程与深度学习	978 - 7 - 5760 - 0505 - 9	52.00	2021 年 2 月
学校课程的文化表情：百花园课程的学科指向与深度实施			
	978 - 7 - 5760 - 0677 - 3	38.00	2021 年 2 月
学校文化与课程变革	978 - 7 - 5760 - 0544 - 8	62.00	2021 年 2 月
语文天生重要：语文学科课程群设计	978 - 7 - 5760 - 0655 - 1	44.00	2021 年 2 月
五育并举的课程体系：致良知课程的旨趣与探索			
	978 - 7 - 5760 - 0692 - 6	48.00	2021 年 1 月
学科课程与育人质量	978 - 7 - 5760 - 0654 - 4	48.00	2021 年 1 月
在地文化与课程图谱	978 - 7 - 5760 - 0718 - 3	46.00	2021 年 2 月
中观课程设计与学科课程发展	978 - 7 - 5760 - 0624 - 7	36.00	2021 年 1 月
大教学：英语学科核心素养培育的课程模式			
	978 - 7 - 5760 - 0462 - 5	46.00	2021 年 1 月

特色学校聚焦丛书

不一样的生命,一样的精彩	978 - 7 - 5675 - 8675 - 8	34.00	2019 年 3 月
童味正醇:特色学校的文化图谱	978 - 7 - 5675 - 8944 - 5	39.00	2019 年 8 月
特色普通高中课程建设探索	978 - 7 - 5675 - 9574 - 3	34.00	2019 年 10 月

儿童是天生的探索者:360°科学启蒙教育

| | 978 - 7 - 5675 - 9273 - 5 | 36.00 | 2020 年 2 月 |

做精神灿烂的教师:教师自我成长的 5 个密码

| | 978 - 7 - 5760 - 0367 - 3 | 34.00 | 2020 年 7 月 |

让教育温暖而芬芳	978 - 7 - 5760 - 0537 - 0	36.00	2020 年 9 月
快乐教育与内涵生长	978 - 7 - 5760 - 0517 - 2	46.00	2020 年 12 月
故事教育与儿童发展	978 - 7 - 5760 - 0671 - 1	39.00	2021 年 1 月
美好教育:学校内涵发展的循证研究	978 - 7 - 5760 - 0866 - 1	34.00	2021 年 3 月
把美好种进儿童心田	978 - 7 - 5760 - 0535 - 6	36.00	2021 年 3 月

倾听生命的天籁:"天籁教育"的实践与探索

| | 978 - 7 - 5760 - 1433 - 4 | 38.00 | 2021 年 9 月 |

| 为了每一个孩子的美好心愿 | 978 - 7 - 5760 - 1734 - 2 | 50.00 | 2021 年 9 月 |

向着优秀生长:"模范教育"的理念与实践

| | 978 - 7 - 5760 - 1827 - 1 | 36.00 | 2021 年 11 月 |

跨学科课程丛书

| 大情境课程:主题设计与创意评价 | 978 - 7 - 5760 - 0210 - 2 | 44.00 | 2020 年 5 月 |
| 社会参与素养的培育模型与干预机制 | 978 - 7 - 5760 - 0211 - 9 | 36.00 | 2020 年 5 月 |

大概念课程:幼儿园特色主题活动设计

| | 978 - 7 - 5760 - 0656 - 8 | 52.00 | 2020 年 8 月 |

项目学习:进入学科的课程智慧	978 - 7 - 5760 - 0578 - 3	38.00	2021 年 4 月
STEAM 课程的设计与实施	978 - 7 - 5760 - 1747 - 2	52.00	2021 年 10 月
幼儿个性化运动课程	978 - 7 - 5760 - 1825 - 7	56.00	2021 年 11 月

核心素养导向的课堂教学丛书

| 漾着诗性智慧的课堂教学 | 978 - 7 - 5675 - 9308 - 4 | 39.00 | 2019 年 7 月 |

转识成智的课堂教学:核心素养导向的历史教学

| | 978 - 7 - 5760 - 0164 - 8 | 40.00 | 2020 年 5 月 |

| 学导式教学:学会学习的教学范式 | 978 - 7 - 5760 - 0278 - 2 | 42.00 | 2020 年 7 月 |

高阶思维教学的关键技术	978 - 7 - 5760 - 0526 - 4	42.00	2021 年 1 月
会呼吸的语文课：有氧语文的旨趣与实践			
	978 - 7 - 5760 - 1312 - 2	42.00	2021 年 5 月
高阶思维教学的核心指向	978 - 7 - 5760 - 1518 - 8	38.00	2021 年 7 月
磁性课堂：劳动技术课就这样上	978 - 7 - 5760 - 1528 - 7	42.00	2021 年 7 月
核心素养导向的作业设计	978 - 7 - 5760 - 1609 - 3	40.00	2021 年 8 月
语文，让精神更明亮	978 - 7 - 5760 - 1510 - 2	42.00	2021 年 9 月
"六会"教学法：基于核心素养的课堂教学			
	978 - 7 - 5760 - 1522 - 5	42.00	2021 年 9 月

特色课程建设丛书

教师，生长的课程	978 - 7 - 5760 - 0609 - 4	34.00	2020 年 12 月
学校课程发展的实践范式	978 - 7 - 5760 - 0717 - 6	46.00	2020 年 12 月
丰富学习经历：如歌式课程的愿景与深度			
	978 - 7 - 5760 - 0785 - 5	42.00	2020 年 12 月
学科课程群设计方法	978 - 7 - 5760 - 0579 - 0	44.00	2021 年 3 月
学校美育课程的立体建构：菁华园课程的逻辑与框架			
	978 - 7 - 5760 - 0610 - 0	36.00	2021 年 3 月
关键学习素养与学科课程设计	978 - 7 - 5760 - 1208 - 8	34.00	2021 年 4 月
学校课程设计：愿景建构与深度实施	978 - 7 - 5760 - 1429 - 7	52.00	2021 年 4 月
生长性课程：看见儿童生长的力量	978 - 7 - 5760 - 1430 - 3	52.00	2021 年 4 月
"慧阅读"课程：儿童视角	978 - 7 - 5760 - 1608 - 6	42.00	2021 年 6 月
诗意栖居的课程愿景：智慧岛课程的逻辑与深度			
	978 - 7 - 5760 - 1431 - 0	44.00	2021 年 7 月
每一个孩子都是最重要的人：V - I - P 课程的内在意蕴与学科视角			
	978 - 7 - 5760 - 1826 - 4	54.00	2021 年 8 月
给每一个孩子带得走的能力：井养式课程的旨趣与探索			
	978 - 7 - 5760 - 1813 - 4	42.00	2021 年 10 月
指向核心素养的课程统整框架：I AM BEST 课程的学科之维			
	978 - 7 - 5760 - 1679 - 6	48.00	2021 年 11 月